Mit dem Zweirad um die Welt

Hermann Härtel
Mária Rennhofer

Mit dem Zweirad um die Welt

Die sensationelle Reise des Gustav Sztavjanik 1924-1931

Haymon

Die Deutsche Bibliothek - CIP-Einheitsaufnahme

Mit dem Zweirad um die Welt : die sensationelle Reise des Gustav
Sztavjanik 1924-1931 / Hermann Härtel ; Maria Rennhofer. - Innsbruck :
Haymon-Verlag, 2000
ISBN 3-85218-327-8

Satz und Gestaltung: Haymon-Verlag
Scans: Laserpoint, Innsbruck

Druck: Athesia-Tyrolia, Innsbruck
Bindung: Frauenberger, Neudörfl a. d. Leitha

Vorwort

Die Geschichte ist abenteuerlich und bizarr, ausschweifend und simpel zugleich. Wo sollte man beginnen: An jenem Tag im Jahr 1924, an dem ein junger Wiener einem Fremden seine Hilfe bei einer Fahrradpanne anbietet, eine Episode, die eine siebenjährige Weltreise zur Folge hat?

Oder mehr als siebzig Jahre später, als Burgschauspieler Edd Stavjanik dem Maler Hermann Härtel ein ganzes Konvolut von Unterlagen aus dem Nachlaß seines Onkels Gustav übergibt: Manuskripte, Fotos, Dias, Zeitungsausschnitte, Urkunden, Medaillen und Erinnerungen aller Art. Härtel beginnt zu blättern und zu stöbern und kommt mit wachsender Verblüffung und zunehmender Faszination einem Abenteuer auf die Spur, dessen Einzigartigkeit ihn nicht mehr losläßt und zu einer imaginären Reise auf den Spuren des Weltumfahrers inspiriert.

Aber noch andere Zugänge zur Geschichte, die auf den folgenden Seiten erzählt wird, würden sich anbieten. Immerhin geht es um eine Weltreise mit dem Fahrrad, einem technischen Gerät, dessen Entwicklungsgeschichte und Bedeutungswandel man nachvollziehen könnte. Denn der Traum von der Fortbewegung hat die Menschen seit jeher beschäftigt, und seit Leonardo waren es Künstler und Konstrukteure gleichermaßen, die von der Idee der Geschwindigkeit durch bestmögliche Umsetzung der Muskelkraft nicht mehr losgelassen wurden.

Schließlich ist auch der familiäre Hintergrund eines Menschen von Interesse, der sich mir nichts, dir nichts per Fahrrad auf eine Reise mit unbestimmtem Ziel begibt. Und zweifellos spielen die Zeitumstände im Wien der zwanziger Jahre eine nicht unbedeutende Rolle, die ihm möglicherweise nicht viele Chancen auf die Erfüllung seiner Abenteuerlust oder bloß auf den Aufbau einer bürgerlichen Existenz versprachen.

Wo auch immer man den Einstieg findet: Gustav Sztavjanik ist es wert, sich auf seine Spur zu setzen. Umso mehr, als sein Reiseabenteuer bestens dokumentiert ist: durch offizielle und private Souvenirs aller Art und durch seine eigenen Erinnerungen, die er für Artikel und Vorträge aufgezeichnet hat.

In einzelnen Abschnitten, die mit Ausnahme des „zweigeteilten“ Südamerika jeweils einen Kontinent betreffen, wollen wir Gustav Sztavjanik selbst zu Wort kommen lassen. Diese Kapitel sind jeweils aus verschiedenen Manuskripten zusammengestellt, da er einzelne Abschnitte seiner Reise, besondere Ereignisse und Episoden immer wieder unterschiedlich ausführlich darstellt und verschieden gewichtet. Um den Fluß der Erzählung nicht zu unterbrechen, wurden lediglich bei Bedarf entsprechende Übergänge geschaffen. Kleinere zeitliche Überschneidungen im Reiseverlauf sind dabei mitunter unvermeidlich und auch gerechtfertigt, nicht zuletzt da auch Sztavjanik selbst oft Rückblenden einbaut oder früher Vergessenes später nachholt.

Besonderheiten der Ausdrucksweise wurden natürlich beibehalten. Korrigiert wurden nur eindeutige Tipp- und Schreibfehler in Sztavjaniks Manuskripten. Als Rechtschreibnorm nahmen wir die bis zur derzeitigen Reform gültigen Regeln. Die Schreibweise von Ortsnamen, die in den verschiedenen Aufzeichnungen von einander abweichen, wurden der jeweils häufigsten angeglichen. Manche unterscheiden sich allerdings von der heute gebräuchlichen Bezeichnung, etwa die der Oase Ouargla, die Sztavjanik als Waggla wiedergibt. Wenn es uns richtig und wichtig schien, in solchen Fällen dem Leser eine Orientierungshilfe zu geben, steht der Ortsname in der heute gebräuchlichen Form in eckigen Klammern eingefügt. Dasselbe gilt für Namen von Ländern, die es nicht mehr oder in den damaligen Grenzen nicht mehr gibt oder deren Name nach dem Ende der Kolonialherrschaft geändert wurde (z. B. Französisch Sudan – Mali). Stillschweigend korrigiert wurden einige Irrtümer bezüglich der Daten von einzelnen Stationen der Reise, unkommentiert bleiben Informationen, die auf mangelndem Wissensstand beruhen, jedoch zum illustrativen Wert des Reiseberichts und zu dessen Stimmungsgehalt beitragen.

Die Kapitel zwischen den originalen Reiseberichten sollen über biographische, zeithistorische, technische und gesellschaftliche Zusammenhänge informieren und dazu beitragen, Sztavjaniks Reise in einen größeren Kontext einzuordnen. So wollen wir Sie einladen, dieses außergewöhnliche Abenteuer im Kopf nachzuvollziehen.

Dr. Maria Rennhofer — Wien, Dezember 1999

Inhaltsverzeichnis:

(kursive Überschriften stehen über Sztavjaniks wörtlichen Erzählungen)

Die Reise beginnt: Europa

Im Herbst des Jahres 1924 begegnete mir in Wien durch Zufall in der Gumpendorfer Straße ein orientalisch aussehender Mann, der ein Rad neben sich herschob, das irgend einen Defekt zu haben schien. Da ich selbst begeisterter Radsportler bin, interessierte mich der Fremde, und ich bot ihm meine Hilfe an. Er sprach englisch und etwas gebrochen deutsch, doch konnten wir uns einigermaßen verständigen. Ich erfuhr, daß er ein indischer Parse sei, der sich auf einer Weltradfahrt befinde.

Diese Begegnung war nun die Veranlassung zu meiner Reise um die Erde, die ich bald darauf gemeinsam mit dem Inder, er heißt Davar, begann. Sieben Jahre waren wir unterwegs, vom 19. November 1924 bis zum 11. Oktober 1931. In dieser langen Zeit lernte ich große Teile der Welt kennen, denn in allen Kontinenten waren mein indischer Freund und ich gewesen. Im hohen Norden wie im heißen Süden traten wir die Pedale unserer Räder, und selbst die große Wüste Sahara und der Urwald des Amazonas waren für uns kein Hindernis.

„Mit dem Zweirad um die Welt"! Absonderlich mag dieser Titel klingen, denn in einer Zeit, da Eisenbahn, Automobil und Flugzeug vorherrschend sind, wird man kaum mehr an das kleine „altertümliche" Fahrrad denken oder es gar den modernen und bei weitem bequemeren Verkehrsmitteln vorziehen. Aber uns, meinem indischen Freund F. J. Davar und mir, behagte gerade das Fahrrad.

Weltwanderer haben seit jeher ihre Eigenarten gehabt. Ihnen ist es gleichgültig, wieviel hundert Kilometer sie täglich zurücklegen können, ob sie Dampf oder Benzin als treibende Kräfte verwenden, oder ob sie einfach jene Kraft benützen, die sich von Natur aus in den Muskeln ihrer Beine befindet. Für jene nun, denen das Letztere am meisten behagt, ist das Fahrrad wie geschaffen; denn das Reisen mit dem Rad ist am wenigsten kostspielig, es laßen sich auch mit seiner Hilfe weite Strecken bewältigen, und schließlich ist eine solche Weltfahrt dann noch obendrein eine sportliche Leistung, die den Vollbringer einer solchen mit ein wenig Stolz erfüllen kann.

Ein altes Sprichwort sagt, wenn jemand eine Reise tut, so kann er was erzählen, er könnte um so mehr erzählen, wenn sich die Reise ohne Luxus und unter den einfachsten Bedingungen abspielt. Wie natürlich, kann man bei einer Radreise doch nur einfachstes Gepäck mitnehmen, wobei aber drei wichtigste Ausrüstungsgegenstände nicht vergessen wer-

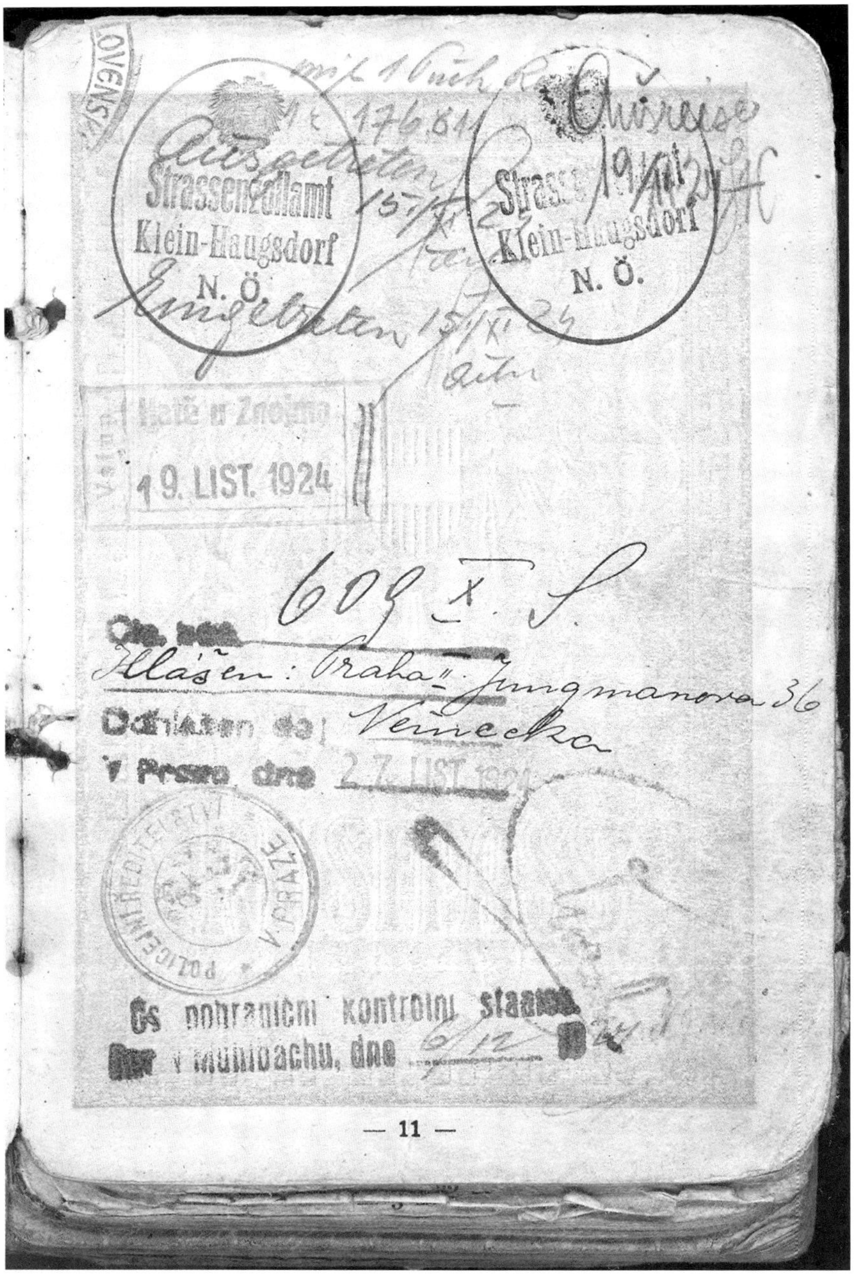

Aus dem Reisepaß von Gustav Sztavjanik. Seite mit dem Stempel der ersten versuchten Ausreise (Straßenzollamt Klein-Haugsdorf 15. 11. 1924) und jenem von der nach Besorgung aller Papiere tatsächlich erfolgten Ausreise am 19. 11. 1924 (mit Zollvermerk „Puch-Rad")

Rechte Seite: Doppelseite aus Gustav Sztavjaniks Reisepaß mit Visum (8. November 1924) und Einreisestempel der Schweizerischen Eidgenossenschaft (22. Dezember 1924)

den dürfen, Gesundheit, Humor und Ausdauer. An denen hatten wir aber wahrhaftig keinen Mangel.

Unsere Reise ging zunächst nach der Tschechoslowakei. Meine Angehörigen hatten mir zwar eine Voraussage gestellt, daß ich sehr bald rückkehren werde, wenn ich als geborener Wiener einige Tage den alten Steffel nicht mehr gesehen hätte. Sie sollten Recht behalten, es war aber nicht Sehnsucht, die mich rückführte, sondern Grenzschwierigkeiten der Zollformalitäten für die Räder und andere mir bis dorthin unbekannte Fragen, die sich nur von Wien aus regeln ließen. Nach deren Erledigung erfolgte nach einigen Tagen die wirkliche endgültige Abreise.

Unsere erste große Station war Prag. Von dort ging es weiter nach Nürnberg und München. Von München ging es in die Schweiz, von

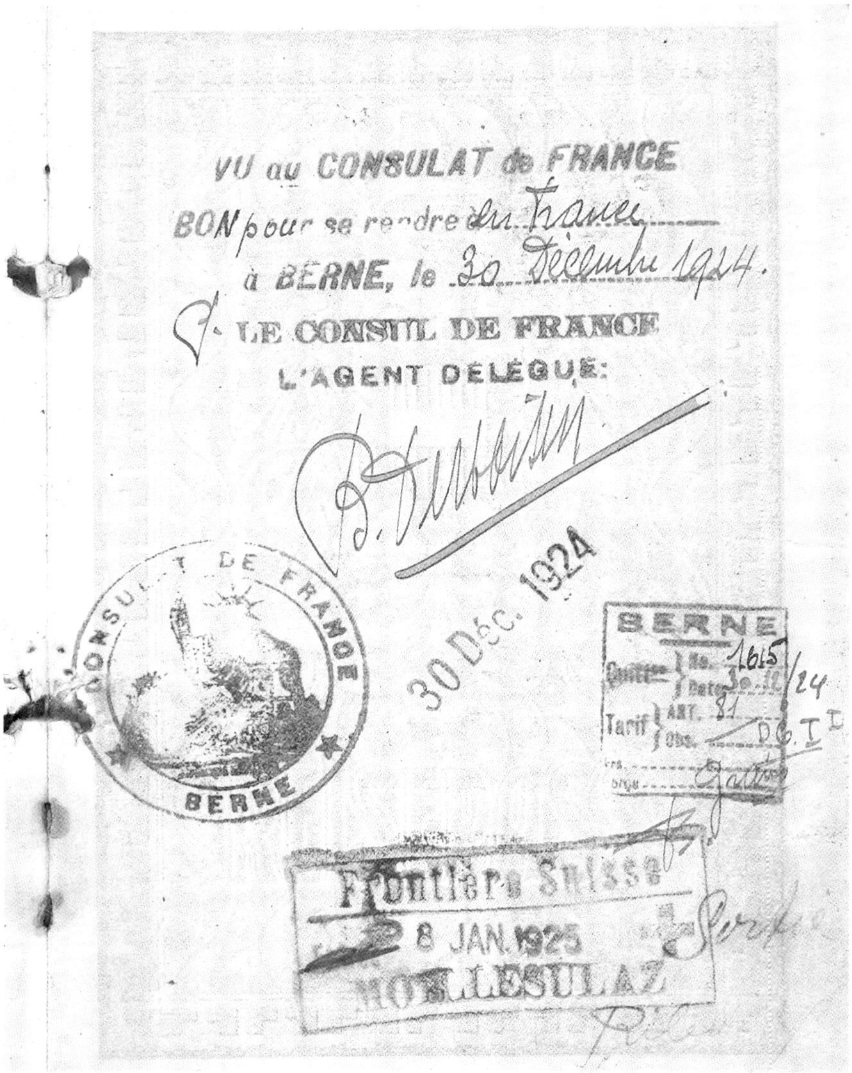

Das am 30. Dezember in Bern besorgte Visum für Frankreich und der Einreisestempel vom 8. Januar 1925

der Schweiz nach Frankreich, und von Chamonix aus bestiegen wir, natürlich ohne Räder, den Mont Blanc. Der weitere Weg durch Frankreich führte uns über die großen Schlachtfelder des Weltkrieges, wo wir noch immer die zerstörenden Wirkungen moderner Geschütze sehen konnten.

In Paris besichtigten wir den anläßlich der Weltausstellung errichteten Eiffelturm, eines der höchsten Bauwerke der Welt, und standen bewundernd am Arc de Triomphe mit dem Grabmal des unbekannten Soldaten. Leider mangelte es uns an Geld, das berühmte Leben von

Paris genießen zu können. Ich hatte um ein Einreisevisum nach England gebeten, offenbar hatte man aber auf dem englischen Konsulat Sorge, daß ich im Königreich Arbeit suchen werde, das Visum wurde mir verweigert. Da uns also ängstliche englische Sozialpolitik, deren Erfolge wir im eigenen Lande zur Genüge kennen, die Tore des Landes schloß, fuhren wir weiter nach Brüssel, wurden dort von König Albert, wie bekannt selbst ein berühmter Sportmann, empfangen, er ließ sich unsere Pläne darlegen und gab uns seine Unterschrift für unser Erinnerungsbuch.

Von Belgien gingen wir nach Holland, waren Gäste auf Schloß Doorn, Exkaiser Wilhelm zeigte Interesse für unsere Unternehmung und Anerkennung für den darin gelegenen Wagemut. Von Holland gings nach Norddeutschland, in Bremen und Hamburg sah ich zum ersten Male das Meer.

Zunächst brachten uns aber unsere Räder über Flensburg nach Dänemark und Schweden. Von hier reisten wir dem Lande der Mitternachtssonne zu. Bei Freedrichshaid [Fredrikstad] passierten wir die norwegische Grenze. Da unser bisheriger Weg schon einige Monate in Anspruch genommen hatte, war es zwischendurch schon wieder Sommer geworden, und bald nach Oslo bestaunten wir das Wunder der Mitternachtssonne. Anfangs war uns das beinahe ununterbrochene Tageslicht eher unangenehm, wir konnten kaum schlafen, aber wie alles im Leben, ist auch das Gewohnheit. Die Fahrt ging über Trondheim, Tromsö, durch den Fjord nach Hammerfest, der nördlichsten Stadt der Welt.

Äußerst interessant sind die Länder des Nordens, die skandinavische Halbinsel, die bekanntlich in das größere Schweden und das kleine schmale Norwegen geteilt ist. Tagelange wunderbare Fahrten durch die weiten Wälder der nordischen Kiefern und Tannen ergötzten uns, und erstaunt betrachteten wir an den Küsten Norwegens das Leben und Treiben des Fischervolkes, das hier längs den Fjorden in ärmlichen Siedlungen beisammen wohnt. Eigenartig in ihrer gleichförmigen, zerrissenen Beschaffenheit sind diese Fjorde, – kleine, weit ins Land eingeschnittene Buchten, deren felsiger Boden nur mit grauen Flechten und Moosen bedeckt ist.

Gegenüber der Küste des nördlichen Norwegen liegen die Lofoten, eine Inselgruppe von sechs größeren und vielen kleinen Eilanden mit schneebedeckten Bergen und hellgrünen Matten in den Tälern, aber merkwürdiger Weise ohne Bäume. Obwohl die Küsten der Lofoten durch gefährliche Meeresströmungen berühmt und gefürchtet sind, kommen doch tausende von Fischern in ihren Booten hieher, um den ungeheuren Fischreichtum auszunützen, den das Meer hier aufweist. Besonders zahlreich ist der Hering vertreten, der hier in größeren Massen gefangen und sofort für den Versand hergerichtet wird.

Weiter ging unsere Reise dem Norden zu. Wieder zog unser Weg auf eintönigen schmalen Pfaden durch das graue Felsenland der Fjorde, dann mußten wir die Räder auf steile Bergeshöhen hinaufschieben und durch dichte Eichen- und Birkenwälder dringen, bis wir Hammerfest erreichten, die nördlichste Stadt der Erde. Hier haben die Felsenberge noch riesenhafte Formen, himmelhoch starren sie in ihrer grauen Nacktheit empor; aber kein Leben regt sich auf ihnen, nur die Möven umkreisen dort, wo sie sich in steilen Abstürzen ins Nordmeer senken, ihre Wände und Mauern.

Aber wir kehrten noch nicht um. Hatten wir nun die nördlichste Stadt gesehen, so wollten wir auch den nördlichsten Punkt Europas überhaupt, das Nordkap, betreten. Es hat wohl Mühe gekostet, in der großen trockenen Kälte auf unwirtlichen Wegen weiter vorzudringen, auch litten unsere Augen unter der ständigen Einwirkung des Tageslichtes, aber so manche gesehene Schönheit entschädigte uns reichlich für die Strapazen. Das prachtvollste Schauspiel der nordischen Natur – die Erscheinung der Mitternachtssonne – genossen wir durch mehrere Wochen; am schönsten ließ sich die am Horizont des Meeres wandernde Sonne vom Nordkap aus betrachten. Dieses liegt auf der wild zerklüfteten Insel Magerö und stürzt mit drei ungeheuren nackten Felsköpfen, deren höchster 298 Meter über dem Meere liegt, in die Fluten des Polarmeeres ab.

Was uns einigermaßen wunderte, war, daß die Kälte hier nicht so streng ist, als man vermuten würde; die Temperatur ist – nach nordischen Verhältnissen – so warm, daß das Meer an den Küstenrändern nie gefriert. Ich möchte nur bemerken, daß wir durch den ewigen Tag die Zeitrechnung verloren hatten, über die gebirgigen Straßen, die sich in einem guten Fahrzustand befanden, oft bis in die Morgenstunden in der Fehlannahme fuhren, es sei noch Tag.

Wir mußten das Nordkap in einem Fischerboote umschiffen, da keine Straße herum geführt werden kann, und stiegen in Kirkene in

Eines der ganz wenigen Fotos von der Europa-Reise: die beiden Weltenradler in Lappland (links Davar, rechts Gustav Sztavjanik)

Lappland wieder auf sichere Erde. Unsere Hauptnahrung in Lappland bestand aus Rentiermilch und Rentierfleisch.

Überall in diesen immer noch nördlichen Gegenden fanden wir die Lappländer, die den Großteil der dort hausenden Bevölkerung ausmachen. Sie sind ein kleiner Menschenschlag von durchschnittlich eineinhalb Meter Körpergröße und schmutziggelber Hautfarbe. Ihr straffes schwarzes Haar und der runde Kopf mit den ein wenig schiefstehenden Augen und der plattgedrückten Nase sind die typischen Merkmale dieser Nomadenrasse. Daß sie Nomaden sind, liegt an der Bodenbeschaffenheit des Landes, die ja hauptsächlich nur Rentierzucht gestattet. Dies ist neben der Jagd und Fischerei ihr Haupterwerb, der ihnen alles einbringt, was sie zu ihrem ärmlichen Leben brauchen. Das Rentier liefert ihnen, nebst Fleisch als Nahrungsmittel, auch das Fell als Bekleidung.

In Finnland

Selbst ihre Wohnstätten – einfache spitzige Zelte – haben sie mit dem Fell ihrer Haustiere behängt. Ihre Kleidung ist ebenfalls selbstgefertigt; die spitze Mütze, die Hosen aus Fell, der lange Pelzrock und die hohen ledernen Stiefel. Ihren Bedarf an Werkzeugen, Schlitten und sogar Schuhen schnitzen sie sich mit großer Geschicklichkeit aus Holz.

Wir konnten in den Hütten der gutmütigen Landeseinwohner übernachten, verbrachten aber manche schlaflosen Nächte, nicht wegen der Mitternachtssonne, sondern wegen der Mitternachtsinsekten. Es gibt in Lappland im Sommer so viele Mücken, daß sie eine wahre Landplage werden. Wir mußten uns nach dem Beispiele unserer Gastgeber die Haut mit einem übelriechenden Öle einreiben, um uns diese Plagegeister vom Leibe zu halten.

Zusatzblatt zum Reisepaß, der nach zehn Monaten für die vielen Visaeintragungen und Stempel keinen Platz mehr hatte

Nach Lappland war unser nächstes Ziel Helsingfors in Finnland, eine schöne Stadt mit modernen Anlagen, zu der wir längs des Meerbusens von Finnland gelangten. Im finnischen Gebiete werden überall zwei Sprachen, Schwedisch und Finnisch, gesprochen, wir lernten es bald, uns genügend zu verständigen. Nachdem wir uns ein Visum für Rußland verschafft hatten, wurde die Reise in die Sowjetrepublik nach Leningrad, das frühere Petersburg, fortgesetzt. Anfangs hielt man uns in Rußland für Spione, später genossen wir die Gastfreundschaft der Behörden, als sie entdeckten, daß wir harmlose Sportleute seien, denen Politik ganz ferne lag.

Von Rußland kamen wir in die kleinen baltischen Randstaaten, uraltes deutsches Siedlungsgebiet, wo ich in Riga zu meiner Freude wieder meine deutsche Muttersprache sprechen konnte. Warschau war anschließendes Ziel, der Weg führte uns dann über den historisch gewordenen Korridor Lodz und Posen nach Deutschland und schließlich nach Berlin zurück. In Berlin wurden wir von dem ehrwürdigen Reichspräsidenten Hindenburg empfangen, der uns viel Glück zu unserer Weiterreise wünschte und seine Unterschrift in unser Buch eintrug. Auch

Bescheinige hiermit die
Durchfahrt des Globe-Trotters
Herrn Gustave Szarjanik
in Sélestat (Alsace).
Sélestat, den 8 April
1926
Vélo-Club Etoile
le Président:
Linck
VÉLO-CLUB ETOILE DE SELESTAT

Zum zweiten Mal in Frankreich: Durchfahrtsbestätigung des Vélo-Clubs Sélestat im Elsaß (8. April 1926)

sein Staatssekretär Meißner entbot uns gute Worte zur Vollendung geplanter Weltreise.

Die nächste Etappe war Straßburg mit seinem berühmten Münster, dann folgten Mülhausen, Belfort, Chalons, Zentrum der französischen Seidenindustrie, dann trugen uns unsere Räder nach Marseille. Die französischen Straßen waren für den Radfahrsport sehr gut. In Marseille schifften wir uns nach Algier ein. Die Seefahrt dauerte 24 Stunden, sie war, wenn man von meiner Nordkapumschiffung absehen will, mein erstes maritimes Unternehmen.

Wer war Gustav Sztavjanik?

Das Foto im Paß zeigt einen jungen Burschen, der mit herausforderndem Blick der Zukunft entgegensieht. Sein Name: Gustav Sztavjanik. Geboren am 6. Juli 1907 in Wien, ist er 1924 gerade siebzehn Jahre alt geworden. Er kommt aus einfachen Verhältnissen und ist das jüngste von zehn Kindern. Eine seiner Schwestern arbeitet als Offiziantin im Bundesministerium für Handel und Verkehr, eine andere heiratet später nach Amerika, seine Brüder ergreifen Berufe wie Elektriker oder Friseur. Bis auf einen: Eduard Sztavjanik, der im Ersten Weltkrieg als Marineflieger im Einsatz war, abgeschossen wurde und mit viel Glück

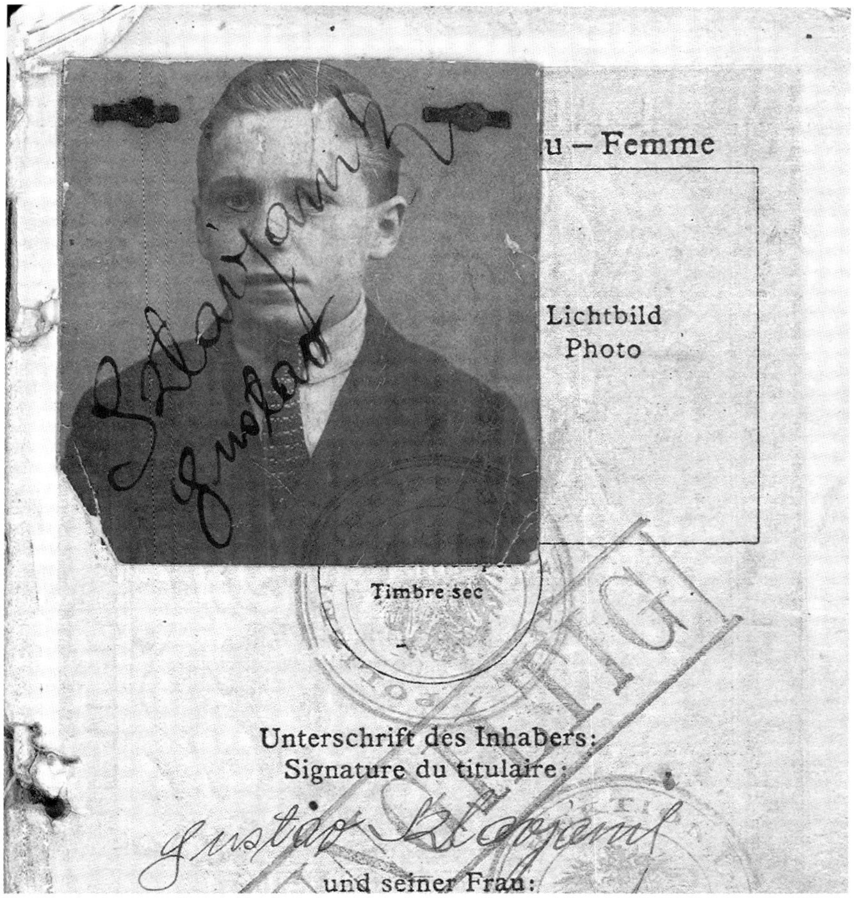

Der erste Reisepaß des zukünftigen Weltreisenden Gustav Sztavjanik

und einigen Verletzungen den Absturz überlebte. Auch er steht nach dem Krieg vor dem Problem, sich eine neue Existenz aufbauen zu müssen. Was für Gustav das Radfahren, ist für Eduard das Tanzen. Er wird Tänzer, heiratet eine Berufskollegin und gründet mit ihr eine „Girltruppe", mit der er bis in die fünfziger Jahre auftritt und auf Tourneen in aller Welt seine Shows zeigt.

Eduard Sztavjanik, einer von Gustavs Brüdern, war Tänzer und gründete eine Girltruppe.

Gustavs Beruf wäre eigentlich der eines Bankangestellten, aber wie viele andere seiner Generation ist er 1924 arbeitslos. Also kommt ihm die Idee einer Abenteuerreise gerade recht. Ob es eine Weltreise werden soll, steht zu diesem Zeitpunkt noch nicht hundertprozentig fest. Obwohl der exotisch aussehende Mann mit seiner Radpanne in der Gumpendorfer Straße den Anfang schon gemacht hat. Der Parse Fram Jamsetjie Davar – von seinen Vornamen werden immer nur die Initialen

Gustav Sztavjanik am Höhepunkt seiner Karriere als Radrennsportler: Porträt als Sieger des 24-Stunden-Rennens von Santiago de Chile mit Teil des originalen Ehrenbandes

F. J. genannt – ist bereits seit 24. Jänner 1924 unterwegs und per Fahrrad von Bombay über Persien, den Kaukasus, die Türkei, Bulgarien, Serbien und Italien bis Wien gekommen. Er ist acht Jahre älter als Gustav Sztavjanik, wie dieser begeisterter Radfahrer und von Beruf Journalist, Sportkorrespondent für mehrere englische und indische Zeitungen, vor allem für *The Evening News of India.* Seine Abenteuer versteht er in Artikelserien zu publizieren und sich solcherart die Reise zu finanzieren.

Von Davars guten Beziehungen zu den diversen Radsportvereinen, die international miteinander in Verbindung stehen, profitieren beide. Vermutlich ist es auch der Inder, der die Kontakte zu offiziellen Behörden, Regierungsvertretern, bekannten Firmen und Prominenten auf den verschiedenen Etappen der Reise herstellt. Denn ohne Unterstützung – u. a. auch von Davars parischen Landsleuten in Indien – wäre die Reise bei allem Wagemut und eigenem Einsatz wohl nicht erfolgreich zu Ende geführt worden.

Unbekümmert von Überlegungen über Sinn und Unsinn eines solchen Unternehmens, setzt sich also Gustav Sztavjanik am 19. November 1924 auf sein Rad und fährt los. Die Abenteuerlust ist es, die über alle anderen Pläne und Bedenken siegt. Daß dem Fahrrad seine ganze Begeisterung gilt, die Geschwindigkeit schon zuvor seine Passion ist, kann wohl angenommen werden, denn sich auf eine Fahrrad-Weltreise zu begeben, setzt ein gewisses Training voraus. Und daß er, wie er später berichtet, seinen Anteil der Reisekosten unter anderem durch Preisgelder für Radrennen verdient, die er en passant gewinnt, läßt den geübten Sportler vermuten.

Aber neben der Abenteuerlust ist es wohl auch Neugierde, Aufgeschlossenheit allem Neuen und Fremden gegenüber, was Gustav Sztavjanik beflügelt. „Nicht aus Eitelkeitsgründen habe ich mir die Aufgabe gestellt", schreibt er später, „sondern ich sehnte mich darnach, die menschliche Natur zu ergründen."

Zunächst wird der Reiseantritt allerdings durch einen ärgerlichen Zwischenfall verzögert, von dem das *Sport-Tagblatt* am 14. November 1924 unter der Rubrik „Allerlei Sport" berichtet: „Ein bestohlener Weltreisender. Der indische Radfahrer F. J. Dewar, der gemeinsam mit dem Wiener Gustav Sztavjanik eine Radreise um die Welt unternimmt, sollte am Mittwoch seine Fahrt fortsetzen. Es kam aber nicht dazu,

Werbeprospekt der beiden Weltreisenden zur Erlangung von Förderern und als Einladung für Vorträge und Kontakte. Als dicke schwarze Linie eingetragen ist Davars Fahrt von Indien bis Wien, die Rundfahrt durch Europa, die Durchquerung der Sahara und die Tour durch Westafrika bis Dakar sowie – nach der Überfahrt per Schiff – ein kleines Stück in Südamerika.
Die weitere Route sollte damals noch über Mittelamerika, entlang der Westküste Mexikos und der USA nach San Francisco führen, von dort quer über den Kontinent nach New York, per Schiff durch den Panamakanal nach Australien und nach einer Rundreise durch diesen Kontinent nach Japan usw. Dieser Teil der Reise fiel allerdings wesentlich kürzer aus, aus den fünf Kontinenten der Ankündigung wurden „nur" vier.

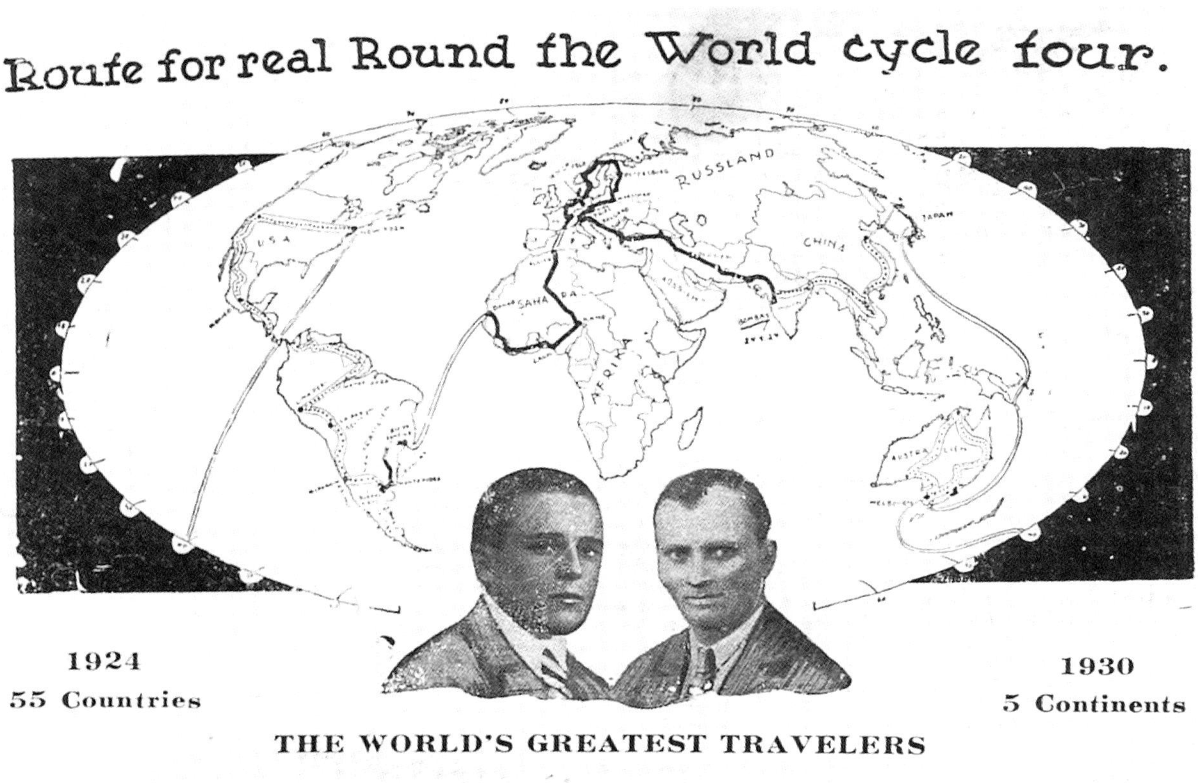

denn am Tage vorher, um 1/4 5 Uhr nachmittags, wurde ihm in der Mariahilferstraße vor dem Hause Nr. 111 sein Fahrrad gestohlen. Von Bombay bis Wien ist ihm nichts passiert, aber in der Stadt der Gemütlichkeit mußte der Inder seine Ueberschätzung der Ehrlichkeit anderer büßen. Er hat sich inzwischen ein andres Rad beschafft und startet mit Sztavjanik gemeinsam heute Freitag, 10 Uhr, bei der Oper. Er legt aber doch Wert auf sein Rad, das ihm bisher so treue Dienste geleistet hat, und bittet denjenigen, in dessen Besitz es gelangen sollte, es gegen eine Entschädigung von einer Million Kronen bei Sztavjanik, 1. Bezirk, Schillerplatz Nr. 4, abzugeben. Es ist ein englisches Raleigh-Fahrrad, hochgebaut, mit gerader Lenkstange und zwei Felgenbremsen."

Sieben Jahre durchqueren die beiden Europa, Afrika, Süd- und Nordamerika, Asien, um über Indien wieder nach Wien zurückzukehren. Vier Kontinente, 47 Länder und rund 110.000 Kilometer, das ist die stolze Bilanz, die Sztavjanik und Davar bei ihrem Einzug am 11.

Oktober 1931 in Wien vorweisen können. Inzwischen sind sie zu Berühmtheiten geworden, haben sie doch als erste die Sahara mit dem Fahrrad durchquert, das damals beinahe unbekannte Amazonasgebiet bereist und die Kette der Anden gleich zweimal überquert. Ganze Bücher interessanter Unterschriften und Zeitungsartikel bringen sie als „Beweismaterial" von dieser Reise mit, darüber hinaus Fotos und viele, viele Erinnerungen.

Nach seiner Rückkehr versucht Sztavjanik, dieses Material bestmöglich zu verwerten. Er schreibt Artikel für Zeitungen und Zeitschriften, hält Dia-Vorträge und füllt damit mühelos Vortragssäle, und er gibt Interviews für das damals brandneue Medium Radio, das gerade erst dabei ist, heute übliche Sendungsformen wie Interviews oder Direktübertragungen von besonderen Ereignissen zu erfinden.

Zu den Abenteuern der Fahrradweltreise kommen später noch andere hinzu, die ihren medialen Niederschlag finden: Inzwischen hat das Motorrad Gustav Sztavjaniks Herz erobert, und quasi nebenbei stellt er 1935 einen neuen Rekord auf, indem er die Strecke Wien – Rom – Wien nonstop in 37 Stunden absolviert.

Dennoch läßt sich weder vom einstigen Ruhm noch von neuen sportlichen Taten auf Dauer zehren, zumindest kann man allein davon

Aus dem begeisterten Radfahrer wurde in den dreißiger Jahren ein Motorradfan, der ebenfalls aufsehenerregende Spitzenleistungen vollbrachte. Auf diesem Foto macht er Werbung für Shell-Motor-Oil, seinen Sponsor für die Rom-Nonstop-Fahrt.

Plakat für einen Vortrag im Festsaal Stadlau des Arbeiter-Bildungs-vereins

Erinnerungen ... doch wovon leben?

Rechte Seite: der Ausweg – eine Dienststelle als Justizwachebeamter. Den Übergang in eine bürgerliche Existenz vervollständigt die Heirat.

nicht leben. Gustav Sztavjanik bewirbt sich bei der Justizwache, wird Beamter, heiratet 1938 und hätte vielleicht den Rest seines Lebens zwischen bürgerlicher Existenz und der süßen Erinnerung an den Ruhm und die Abenteuer seiner Jugend hingebracht, wäre nicht der Krieg ausgebrochen. Sztavjanik, nicht nur begeisterter Radfahrer, sondern auch

Motorradfahrer, wird einberufen und als Meldefahrer, vorwiegend an der Ostfront, eingesetzt. Bei einem seiner Einsätze kommt er 1944 ums Leben.

So genau seine siebenjährige Weltreise dokumentiert ist, so diffus verliert sich seine Spur in den Jahren danach und in der Erinnerung derer, die ihn persönlich gekannt haben. Seine inzwischen neunzigjährige Witwe Leopoldine Sztavjanik lebt zum Zeitpunkt des Erscheinens dieses Buches in einem Altersheim in Wien. Sorgsam hat sie das Material über die Reise ihres Mannes aufbewahrt und es schließlich seinem Neffen, dem Schauspieler Edd Stavjanik, übergeben. Aber die Erinnerung an ihren Mann ist verblaßt. Kein Wunder: sechs Jahre war sie mit ihm verheiratet, die meisten davon allerdings kriegsbedingt von ihm getrennt, mehr als ein halbes Jahrhundert hingegen ist seit seinem Tod vergangen. Ein lebenslustiger, allseits beliebter Mensch war er, weiß

Neffe Edd Stavjanik, langjähriger Bewahrer von Gustavs Nachlaß, wurde Schauspieler und kam über Engagements in Deutschland ans Wiener Burgtheater (links in einer Münchner Nestroy-Aufführung).

sie noch. Beim Tanzen haben sie einander damals in den dreißiger Jahren kennengelernt. Aber all das liegt so lang zurück, fast ein ganzes Leben lang.

Und auch Edd Stavjanik – der Schauspielerkarriere zuliebe wurde das komplizierte „z" des Namens gestrichen – hat nur mehr ungefähre Eindrücke seines Onkels im Gedächtnis. Vor allem dessen Sprachkenntnisse. Denn als Sohn von Eduard sen., dem Tanz-Show-Unternehmer, der mit seiner Truppe „Stavignus" von Auftritt zu Auftritt reiste, wurde er in Italien geboren und kam erst als Sechsjähriger nach Wien. Onkel Gustav, der Weitgereiste, fungierte als Dolmetsch zwischen dem Knirps und dem Rest der Wiener Familie.

Ein Schuß Abenteuerlust liegt wohl auch diesem Zweig der Familie im Blut: Edd besuchte die Schauspielschule und startete eine erfolgreiche Karriere, die ihn von diversen Bundesländerbühnen über das Wiener Volkstheater bis an die Burg führte. Gemeinsam mit seiner Frau Henriette, einst ebenfalls Schauspielerin, heute Leiterin des Österreichischen Kulturzentrums im Wiener Palais Palffy, hat er zwei Töchter: Katharina ist Juristin und lebt in Andalusien, Franziska ist Schauspielerin und von diversen Rollen unter anderem im Wiener Volkstheater und im Fernsehen bekannt.

Aber zurück zu Gustav Sztavjanik und dem weiteren Verlauf der Reise. Denn Europa allein war noch lange nicht genug.

Afrika: Die Durchquerung der Sahara

Seit unserer Abreise aus Wien waren nun fast zwei Jahre vergangen; Europa kannten wir zum Großteil, nun begann Afrika, das weite heiße Land, das viel Unbekanntes für uns enthielt. Wir betraten den großen Kontinent an seinem nördlichsten Ende, wo die Staaten Marokko, Algerien und Tunis liegen. In Algier, der Hauptstadt der französischen Kolonie Algerien, landeten wir. Meinen Augen bot sich ein vollkommen fremder Anblick. Rund um die herrliche Bucht liegt die Stadt amphitheatralisch aufgebaut auf einem steilen Hügel, so daß man schon von der Küste aus ein wunderbares Gesamtbild der eigenartigen maurischen Häuser erschaut, unter denen der Prachtbau der Zitadelle einen besonders auffallenden Platz einnimmt.

Die Anlage Algiers ist in Form eines Dreieckes, das sich mit seiner Spitze hoch hinauf an die Abhänge des Atlasgebirges zieht, von wo die bereits erwähnte Zitadelle oder Kasbah herniederschaut. Malerische Gärten, die subtropisches Gepränge zeigen, sowie reiche Weingärten beleben mit ihrem sonnigen Grün weit und breit die Landschaft, über die der südliche blaue Himmel sein strahlendes Zelt ausbreitet. Von Algier fuhren wir per Rad über das Atlasgebirge, das die Wüste Sahara vom mittelländischen Meere scheidet, bis nach Constantine, das auch durch eine Eisenbahnlinie mit Algier in Verbindung steht.

Nach Tagen kamen wir endlich an das Ende der rauschenden Palmenwälder, das Atlasgebirge war durchquert, und Biskra lag vor uns. Am Rande der Sahara gelegen, ist Biskra der letzte regelrechte Ort, die letzte menschliche Ansiedlung vor der großen Wüste, die zu durchqueren nun unsere schwierige Aufgabe war.

Bis Biskra waren wir noch auf erträglichen Straßen gefahren. Die Route ist stellenweise gebirgig und von Palmengruppen und anderer südlicher Vegetation belebt. Hier begann für unsere Fahrräder und uns selbst der erste schwierige und anstrengende Teil unserer Weltreise.

Die Sahara ist hierzulande jedem Schulkind ein geläufiger Begriff, nur wenige haben sich aber in ein näheres Studium dieser Riesenfläche, die über 9 Millionen Quadratkilometer faßt, vertiefen können, eine

Fläche beinah so groß wie unser Kontinent Europa. Die Durchquerung dieses Raumes mit Fahrrädern stellt eine Leistung dar, die der räumlichen Entfernung nach einem Wege von Norwegen nach Süditalien gleichkommt, nur besteht ein schwerwiegender Unterschied, daß uns hier keinerlei Zivilisation, keine Eisenbahn, keine Schiffsroute, keine Autostraßen den Weg erleichtern und abwechslungsreicher gestalten könnten.

Man hatte uns in den Stationen der französischen Legion in Algerien ausgelacht, man hatte uns beinahe für verrückt gehalten, als wir dort von unserem Plan erzählten, aber wir gaben nicht nach. Die französische Regierung unterstützte uns insoferne, als man uns neben einem Geleitschreiben auch zwei Führer anwies, die sich auch pünktlich mit ihren vier Kamelen einstellten, die in jedem französischen Militärposten der Sahara gewechselt werden sollten. Unterhaltsam waren unsere neuen Reisegefährten gerade nicht, denn es waren zwei Araber, die nur wenige Brocken Französisch sprachen, gerade so viel, daß wir uns halbwegs mit ihnen verständigen konnten. Wir haben auf dieser Expedition

Beginn der Afrika-Reise in Algier. Sztavjanik verwendete das Foto später für einen Zeitungsartikel, daher der eingezeichnete Ausschnitt. – Wer das Foto aufgenommen hat, ist unbekannt wie bei allen Bildern von Sztavjaniks und Davars Weltreise. Zwar scheint Davar vor der Ankunft in Wien einen Fotoapparat besessen zu haben, doch erwähnt Sztavjanik in seinen Vortragsmanuskripten und Artikeln nicht ein einziges Mal, daß sie ein Foto gemacht hätten. In Afrika haben sie einmal – so erzählt er – ihr „Photographie-Album" hergezeigt. Das läßt, wie viele andere Indizien auch, darauf schließen, daß sie unterwegs diverse Fotos gesammelt haben und sich von ortsansässigen Amateur- oder Berufsfotografen fotografieren ließen. Da die Aufenthalte oft mehrere Tage bis Wochen dauerten, war es leicht möglich, diese manchmal technisch sehr schlechten, manchmal aber auch ausgezeichneten Bilder mitzunehmen oder nach Hause zu schicken. Vor Beginn seiner Vortragstätigkeit hat Sztavjanik seine Bildersammlung dann noch durch den Kauf von Fotografien aus dem Besitz der Wiener Urania erweitert.

wenig gesprochen, denn der Mund schmerzte vor Hitze und Sprechen macht bekanntlich durstig. Um so mehr mußten wir dann Rede und Antwort stehen, wenn wir mit den französischen Offizieren der Militärstationen zusammenkamen, die für unser Unternehmen starkes Interesse an den Tag legten.

Im langsamen Tempo zogen wir durch die märchenhaften Araberdörfer, die wir vereinzelt antrafen, dort wo die Erde noch genug Feuchtigkeit enthielt, um Dattelpalmen und Tamarisken gedeihen zu lassen. Hinter gelben Lehmmauern standen sie in kleinen, sorgsam gepflegten Baumgärten beisammen, in deren Schatten sich die flachen, ebenso aus Lehm gebauten Häuser der Oasenbewohner zusammendrängten. In dieser Gegend war das Reisen noch recht angenehm. Wir fuhren mit unseren Rädern an der Spitze der kleinen Karawane, und hinter uns trabten die vier Kamele, die sowohl unsere Führer, wie auch unsere Ausrüstung, den nötigen Proviant, und vor allem die Wasserschläuche zu tragen hatten. Das Bild der Landschaft wechselte sehr häufig; kurze Strecken des Weges zeigten schon wüstenhaften Charakter, aber immer kamen noch kleine grüne Flecken zum Vorschein.

Ruinenartige Trümmer verlassener Siedlungen lagen am Wege, von Regen und Wind zerstörte Lehmhäuser gaben oft der Gegend ein ödes, trauriges Gepräge, sodaß ich hier schon eine ungefähre Vorstellung bekam, wie es in einigen Wochen, mitten in der Sahara, ausschauen würde. Weit hatten wir nicht mehr hin, schon war der Boden des Weges teilweise mit dem Sand verweht, den die Stürme der Wüste hieher trugen, und wenn wir von einem der hin und wieder aufragenden Felsenhügel nach Süden schauten, so sahen wir über die Kronen der Palmen hinweg am Horizont schon die gerade ferne Linie der Sahara. Mit jedem Tag nahm die Dichtheit des Baumwuchses ab, es gab fast keine Oasen mehr, und wenn wirklich noch ein grüner Fleck in der Ferne sichtbar wurde, so war es – wenn wir hinkamen – nur ein schmales Inselchen von wenigen Dattelpalmen, die kümmerlich zwischen den Dünen des gelben Sandes in die Höhe wuchsen.

Diese winzigen Oasen boten uns außer ein bißchen Schatten gar nichts, höchstens daß wir zur Erleichterung bei der Aufrichtung unserer Zelte die Plachen an den Stämmen der Bäume befestigten, um so ein bequemeres Lager zu haben. Unser Schlaf wurde aber manchesmal gestört, besonders in den ersten Tagen der Wüstenwanderung, da wir allerlei Dinge noch nicht gewöhnt waren. Der Schrei eines unserer Kamele schreckte mich oft auf, denn ich glaubte, daß dies vielleicht auf das Herannahen eines Raubtieres schließen lasse, aber der eine unserer Führer zerstreute meine Bedenken, indem er scherzhaft meinte, daß das Kamel wahrscheinlich nur etwas geträumt habe. Wenn sich aber wirklich manchmal irgendwelches Raubgetier zeigte oder wenn wir von ferne die Rufe des Schakals hörten, so wagten wir natürlich nicht, uns zur Ruhe zu begeben, sondern wir blieben wach und saßen um ein Lagerfeuer, das wir mit dürren Palmenblättern nährten.

Sobald wir nun die letzte Palme, die letzte Wüstenakazie und Tamariske hinter uns hatten und uns in der offenen Wüste befanden, stellte sich unser Leben neuerdings um. Die Temperatur betrug untertags 140 Grad Fahrenheit, das ist gleich 66 Grad Celsius, also eine ungeheure Hitze, die das Reisen bei Tage zu einer wahren Qual machte. So kehrten wir also die normale Gepflogenheit um und benützten die Nächte zum Fahren, während wir bei Tag unsere Ruhestunden hielten.

So lange die Kühle der Nacht anhielt – wenn man von Kühle überhaupt sprechen kann; es hatte ja auch in der Nacht noch 22 Grad Celsius, aber im Vergleich zur Sonnenglut während der Tageszeit, war es beinahe erfrischend – so lange also die Wüste im Dunkel lag, zogen wir unseren schweigenden Weg dahin, wenn aber der Morgen begann und die Sonne auf dem immer wolkenlosen glasklaren Himmel auftauchte, hielten wir an. Wir stellten unsere Räder in knapper Entfernung nebeneinander auf, warfen Zeltblätter darüber, und unser Ruhequartier war bereit gemacht. Wir krochen unter den Schatten dieses primitiven Zeltbaues, um darinnen zu schlafen und uns auszuruhen, bis wir bei Sonnenuntergang den Marsch wieder begannen. Die beiden Araber verzichteten oft auf das schützende Dach und legten sich einfach, so wie sie von den Kamelen herunterstiegen, in den Schatten ihrer Tiere, die sich ebenfalls in unserer nächsten Nähe ermüdet niederließen.

Nun drangen wir immer weiter ins Innere der Wüste vor: Die Dünen, die am Rande noch niedere Sandhaufen waren, wurden größer und bedeckten die Palmen bis zu ihren Kronen hinauf, was den Anblick solch halbbegrabener Oasen höchst eigenartig machte. Hier war auch das Radfahren unmöglich, die schmalen Räder sanken tief in den lockeren Sand ein, so mußten wir über solche Stellen hinweg unsere Fahrzeuge den Kamelen aufbürden und selbst auf den Tieren reiten. Kamen

Zwei technisch äußerst mangelhafte, als Dokumente aber wichtige Fotos von der Saharadurchquerung. „Unsere Karawane" steht auf der Rückseite des einen, das allerdings nur die einheimischen Begleiter mit ihren Kamelen erkennen läßt, während auf dem anderen auch die beiden Abenteurer mit ihren Fahrrädern zu sehen sind, aufgenommen wohl bei einer der französischen Militärstationen.

wir jedoch wieder auf festeren Boden, der das Fahren erlaubte, so wurden sofort wieder die Räder hergenommen.

Die ersten paar Tage gings noch leidlich, wenn wir auch, um Wasser zu sparen, absichtlich Durst litten. Aber dann später, als kein Baumstrunk, kein grünes Oasenfleckchen, keine Wegspur, überhaupt nichts mehr zu erblicken war, da schlich sich oft ein unheimliches Bangen in unsere Herzen. Wenn wir in der Heimat einen Marsch von neun bis zehn Stunden machen, glauben wir schon eine Leistung vollbracht zu haben, in Afrika sind Entfernungen ganz anderer Natur zu bewältigen. Wir marschierten gleich zu Beginn sechs Tage lang, bis wir zu einer Oase kamen. Später standen uns noch ganz andere Märsche bevor, wir reisten manchesmal bis zu 28 Tagen ohne eine menschliche Siedlung zu sehen, und ich gestehe offen, daß uns zeitweilig Zagen ankam, wenn nur Skelette toter Kamele uns den Weg zeigten, und uns die Gefahr des einsamen Wüstentodes vor Augen riefen. Trotz der Tageshitze sind die Nächte der Sahara kühl, aber es war nicht einmal, daß wir uns, erschöpft von den Strapazen des Tagesmarsches, im Sonnenglast auf den Sand warfen, wir waren zu müde, um noch an Decken oder Zelt zu denken.

Wir wanderten 15 Tage lang, ehe wir Touggourt erreichten, wo sich eine französische Militärstation befindet. Die Franzosen zeigten sich entgegenkommend, waren wir doch eine seltene gesellschaftliche Abwechslung, und liehen uns zwei Kamele und zwei Führer für die weitere Reise nach Waggla. In Waggla erhielten wir neue Kamele und marschierten nach In-Salah.

Eines Morgens bemerkte ich nach dem Erwachen knapp neben mir das Skelett eines großen Tieres. Es war der traurige Überrest eines vor langer Zeit hier verendeten Kameles; dieser Anblick inmitten der leeren Einöde war für mich keineswegs erheiternd, denn wer wußte, wie es uns selbst noch ergehen konnte, ehe wir nach sechs Monaten wieder die ersten grünen Pflanzen am jenseitigen Rand der Wüste erblicken sollten.

Eine Woche nach diesem ersten gruseligen Ereignis traf uns der Verlust eines Tieres; in der Nacht während des Marsches gellten die Schreie des kranken Kamels in schauerlichen Tönen hinter mir in die heiße Tropennacht hinein. Der eine unserer arabischen Führer gab den Rat, die Traglasten auf die übrigen drei Tiere aufzuteilen und das ohnehin schon halbtote Kamel einfach liegen zu lassen. Das röhrende, spuckende und wild um sich schlagende Tier wurde nun vom Gepäck befreit, wir reisten weiter, und lange Zeit klangen uns die Rufe des Verlassenen nach, unheimlich und an den Tod gemahnend.

Wieder war eine Nacht des rastlosen Dahinfahrens zu Ende, und wir stiegen erschöpft von den Rädern, um uns hinter den Zeltdecken zu verkriechen. Wir benützten als Tagesrastplatz die schwachgeneigte Böschung einer Sanddüne, daher hatten wir über ein ziemliches Stück der vor uns liegenden Strecke einen ungehinderten Überblick. Wir sahen plötzlich am äußersten Horizont der Wüste eine gelbe, dünne Wolke, die uns die Führer mit ein paar französischen Worten und Gebärden als das Anzeichen einer herannahenden Karawane erklärten. Die Wolke sei nichts anderes als der aufgewirbelte Staub einer Anzahl von Kamelen, denen wir am nächsten Tag wahrscheinlich auch begegnen würden.

Tatsächlich war abends vor Sonnenuntergang, als wir unseren Rastplatz wieder verließen, jene Staubsäule größer und deutlicher geworden, und man unterschied sogar schon kleine dunkle und hellere Flecke in ihr. Und am kommenden Morgen, als glühendheiß die Sonne in den blauen Himmel zu steigen begann, begegneten wir einander. Es war eine stattliche Karawane von Reisenden und Kamelen, die auf einem Zug durch die Wüste von Süden nach Norden begriffen waren. Wir verbrachten zusammen einige Stunden der Ruhe, da auch sie die Nacht zum Reisen benützten und tagsüber unter ihren Zelten ruhten, und so genossen wir endlich wieder einmal den Anblick von Menschen; eine wohltuende Abwechslung für uns einsame Radfahrer, die wir schon gegen zwei Monate nichts gesehen und gehört hatten als unsere beiden

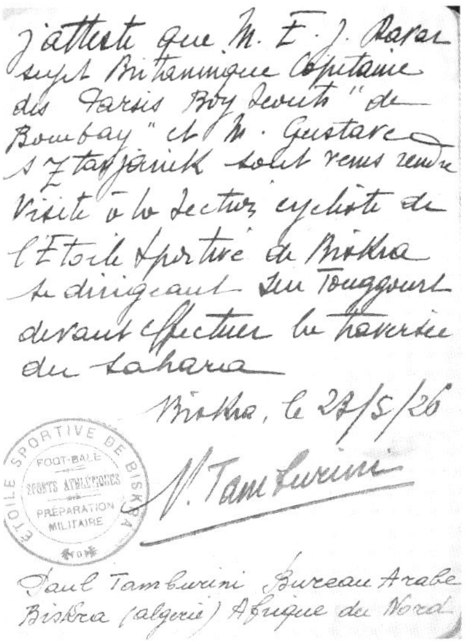
j'atteste que M. E. J. Davar
sujet Britannique Capitaine
des "Parsis Boy Scouts" de
Bombay" et M. Gustave
Sztavjanik sont venus rendre
visite à la Section cycliste de
l'Etoile Sportive de Biskra
se dirigeant sur Touggourt
devant effectuer la traversée
du Sahara

Biskra, le 23/5/26

ETOILE SPORTIVE DE BISKRA
FOOT-BALL
SPORTS ATHLÉTIQUES
PRÉPARATION MILITAIRE

P. Tamburini

Paul Tamburini Bureau Arabe
Biskra (Algérie) Afrique du Nord

Auf dem Weg nach Touggourt: Bestätigung einer vom französischen Militär betriebenen Sportschule in Biskra am Rande der Sahara, daß Davar und Sztavjanik zu Besuch waren

mürrischen Araber. Nachdem wir uns gegenseitig Glück für den Weiterweg gewünscht hatten, zogen gegen Abend die Reisenden wieder davon, und bald hatte uns das große Schweigen der Sahara von neuem eingehüllt.

Nun kamen gefährliche Stunden und Tage für uns. Unsere drei Kamele waren unruhig und brüllten unaufhörlich ihre ängstlichen Schreie in die Tropennacht hinaus, ein unsagbares Etwas lag in der heißen, trockenen Luft, und die beiden Führer deuteten die Wahrnehmungen für die Vorzeichen eines großen Sturmes. Die Tiere hatten vor Tagen schon einigemale einen solchen Sturm durch ihren Instinkt angezeigt, und er war auch dann immer eingetroffen. Auch diesmal war es so, es dauerte nicht lange, und der Wirbel brach mit unerhörter Gewalt los. Durch siebzehn Stunden dauerte dieser Sturm in ungeminderter Stärke; mit solcher Kraft tobte er, daß wir die ganze, unendlich lang scheinende Zeit in dichte Sandwolken gehüllt waren, nichts sahen, ja nicht einmal unser übliches einfaches Essen aus den Taschen holen konnten. Denn wir durften keinen Riemen öffnen, sonst hätte uns der Sturm alles, was nicht an unseren Kamelen festgebunden war, fortgetragen. Der Sand flog uns in Ohren, Nase und Augen, er verursachte schmerzhafte Entzündungen der Haut, so waren wir gezwungen, einen ganzen Tag lang in die Decken gehüllt auf dem Boden zu liegen; wir machten nur von Zeit zu Zeit einige Bewegungen, um immer auf der Oberfläche zu bleiben und nicht etwa von den Sandmassen verdeckt und verschüttet zu werden.

Im Laufe unserer Wüstendurchquerung erlebten wir acht Sandstürme. Man sagt, daß eine Gegend, die eine Giftpflanze hervorbringt, auch das Gegengift erzeugt. In der Wüste ist dieses Antitod aller Mühe und Gefahr das treue Kamel, der Weggefährte des Menschen in der afrikanischen Unendlichkeit. Die bedeutende Rolle, die das Kamel in der Wüste spielt, ist durch das vielgebrauchte Wort vom Schiff der Wüste bei weitem nicht erschöpft, denn das Kamel ist nicht nur Transportmittel, Führer und Begleiter der Karawanen, es muß oft in Notfällen auch als Speise dienen. Es wittert, lange ehe der Mensch mit seinen weniger naturnahen Sinnen etwas ahnt, das Herannahen der berüchtigten Stürme. Die Hitze steigert sich dann über 55 Grad, und man muß die Zeit des Sturmes unter Decken verkrochen zubringen, damit der Sand nicht in die Atmungsorgane dringt.

Der längste dieser Stürme, Chamsin oder Samum, währte siebzehn Stunden. Alles was wir bei uns trugen, wurde von dem feinen Sande durchdrungen, sogar unser Mundvorrat an Datteln. Wir hüllten uns wie immer in Decken, einzige Nahrung während dieser Zeit war Kondensmilch. Unheimlich und gefahrdrohend werden aber diese Stürme dadurch, daß sie in kürzester Zeit das ganze Landschaftsbild verändern, da die Sanddünen ihren Platz wechseln. Der Ort, wo vor zwei Stunden noch ein Hügel war, ist jetzt Ebene, und umgekehrt sieht man eine Erhebung, wo früher Flachland war. Man kann sich vorstellen, daß man nach solch einem Sandsturme doppelt quälendes Durstempfinden hat, auch das Bedürfnis, sich gründlich zu waschen, wäre vorhanden, aber Wasser in der Wüste ist ein zu kostbares Gut, um verschleudert zu werden, und so heißt es immer wieder zu sparen und sparen.

Wie hatte sich die Beschaffenheit des Terrains geändert, als wir nach dem Abebben des Sturmes unsere Augen wieder aufzutun wagten! Ganze Dünenhügel schienen gewandert zu sein, an manchen Stellen, die gestern noch aufragende Felsköpfe zeigten, lagen nun die Wellen des gelben Sandes darüber, und umgekehrt waren wieder an früher ebenen Stellen manche Höcker und Steinbuckel entstanden. Wir mußten uns mit Hilfe des Kompasses und nach dem Stand der Sonne ganz neu orientieren, ehe wir die Richtung unserer Weiterreise einschlugen.

Mit Schreck, ja beinahe mit Entsetzen, entdeckten wir bald nach dem Aufbruch den Verlust einer ziemlich großen Menge des mitgeführten Wassers. Die Kamele mußten so ungeschickt gelegen sein, daß eines von ihnen mit dem Maul zu den Wasserschläuchen gekommen war, von denen einer ein Loch in dem festen Gewebe aufwies. Das Tier hatte daran herumgenagt und gebissen und den Schlauch so zerstört, daß das darin enthaltene, kostbare Getränk verlorengegangen war. Es hieß also, die tägliche, ohnehin aufs kärglichste bemessene Ration noch weiter einzuschränken und trotz brennendstem Durst und qualvoller Trockenheit des Mundes auszuharren.

Bei einem der französischen Militärposten gab man uns das kostbare Wasser mangels eines anderen Gefäßes in einem alten Petroleumfasse mit. Nur wenn man so vor Durst verschmachtet ist, wie wir es in der Sahara waren, kann man einen Trunk, der nach Petroleum duftet, als Labsal empfinden. Sehnsüchtig dachten wir da oft an das gute, frische Wiener Hochquellwasser. In der ganzen Zeit, die wir auf unserer Wan-

Im französischen Militärposten von In-Salah im Zentrum der Sahara

derung in der Sahara verbrachten gab, es nie einen Regentropfen, kein erlösendes Gewitter, keine Abkühlung der Tagestemperatur.

Sie haben sicher schon gehört, daß Abteilungen der französischen Fremdenlegion in den Gebieten der Sahara stationiert sind, die hier ein Leben der Verbannung führen. Wir trafen auch einmal auf unserer Reise eine Abteilung der Legion. Die erbarmungslose Sonne Afrikas hatte diese bedauernswerten Menschen, die die Lust nach Abenteuern, genährt durch eine gewissenlose Propaganda, aus allen Himmelsrichtungen hierher verschlagen hatte, zu einem fast einheitlichen Typ zusammengeschmolzen. Braun gebrannte, bärtige Gesichter mit von manchem Fieberanfall eingesunkenen Augen starrten uns neugierig entgegen, denn in der schrecklichen Eintönigkeit der Wüste ist jeder Neuling Gegenstand des Interesses. Manche dieser Männer waren einmal begeisterte Radfahrer, der Anblick unserer Fahrräder erweckte in ihnen Erinnerungen an vergangene Tage. Gerne hätten wir ihnen die Freude einer Fahrt gegönnt, aber in dem Sandboden der Sahara war dies unmöglich. Unter den Legionären befand sich ein Deutscher aus Hamburg, der gerne deutsch mit mir sprechen wollte, er hatte aber seine Muttersprache beinahe vergessen und konnte nur mehr sagen: „Ich bin Deutscher aus Hamburg", so daß uns nur der Weg notdürftiger französischer Verständigung blieb.

So zogen wir denn dahin. Immer wieder umgab uns ewig wehender Sand mit seinen wechselnden und doch so eintönigen Bildern. Kein Wunder, wenn im Rahmen dieser Wüstenlandschaften, die sich in fortwährenden Bewegungen befinden, auch die Urbewohner Nomaden sind, die sich der Natur anpassen, bald hier bald dorthin verweht werden und ihre Zelte aufschlagen, wo gerade die Lebensbedingungen günstig erscheinen.

So wie das Kamel als Schiff der Wüste ein bekannter Begriff ist, so ist die Fata morgana ein viel genanntes und oft beschriebenes Naturschauspiel. Trotzdem ist sie für denjenigen, der sie zu sehen bekommt, stets ein Erlebnis eigener Art. Auch uns erging es wie tausenden von Wüstenreisenden vor uns, als das Trugbild des ersehnten Wassers am Horizonte erschien und Labung versprach. Wir waren genügend vorbereitet und gewarnt, und dennoch glaubten wir, es müsse Wasser sein, was dort so glitzernd erschien. Umsonst warnte der Führer „Makansch, Makansch", was zu deutsch „nichts, nichts" bedeutet, wir machten trotzdem einen Umweg, bis wir uns von unserem Irrtum überzeugten.

Aber nächst Trugbildern und Gefahren birgt die Sahara auch Schönheit. Man kann sich keine Idee von der außerordentlichen Klarheit der Luft machen, die in der Nacht Mond und Sterne greifbar nahe erscheinen läßt. Die Nacht ist so hell, daß man um elf Uhr noch Zeitung lesen konnte. Allerdings macht diese klare Luft den Sand bei Tag zu einem glitzernden, blendenden Element, das für die Augen sehr ermüdend ist, selbst wenn man schwarze Brillen trägt. Auch der jähe Temperaturwechsel der Wüste ist physisch schwer zu ertragen. Bei Tage eine sengende Hitze und bei Nacht so kühl, daß man ohne Decke friert oder sogar oft Winterkleider herbeiwünscht. So mußten halt, wenn wir rasteten, unsere Lederjacken herhalten.

Der Schall verliert sich in dem unendlich weiten Luftraum, der die Wüste umspannt, und man muß darauf achten, nicht hinter dem Führer zurückzubleiben, denn schon auf hundert Meter Entfernung hörte er keinen Ruf mehr.

Wenn wir Rast hielten, mußten wir die Kamele, die armen Tiere, so

Aus Sztavjaniks Fotoalbum. Wie bei den meisten Bildern gibt es auch hier keinerlei Beschriftung.

wie es in Afrika üblich ist, mit den Vorderfüßen zusammenfesseln, denn es gibt ja weit und breit keinen Pflock oder Baum, an den man sie binden könnte, und sie könnten sich sonst verlaufen. Zum Glück war das bei unseren Rädern nicht nötig, die rissen nicht aus.

Unser Gewand hatte von der Hitze gelitten und war durch die Sonnenstrahlung außerordentlich spröde geworden. Das Wasser führten wir in Ziegenhäuten und Kürbisschalen mit. Unsere tägliche Ration bestand aus einem sechzehntel Liter. Die Zitronen, die wir gegen den fürchterlichen Wüstendurst mitgenommen hatten, vertrockneten bald. Unsere Verpflegung bestand aus Datteln, Zitronen und Makkaroni. Die Sanatorien, die Abmagerungskuren ausführen, brauchten ihre Patienten nur auf eine Saharareise zu schicken, um vollkommene Schlankheit zu erreichen! Wenn wir zu einem französischen Militärposten kamen, bekamen wir auch Büchsenfleisch und Brot. Die Franzosen bewirteten uns auch mit Wein. Nur an Gläsern mangelte es oft, und sogar die Kommandanten müssen sich manchmal bequemen, ehe Nachschub aus Frankreich kommt, ihren Wein aus leeren Kondensmilchbüchsen zu trinken. Gläser und Geschirr sind in der Wüste so kostbar wie goldene Becher.

Auf unserer Reise nach In-Salah begegnete uns auch eine Karawane eines französischen Offiziers, der von seinem Militärposten gegen Algier zog, um sich dort auf Urlaub in die Heimat einzuschiffen. Er hatte ein Geleite von 6 Arabern und Kamelen. Wir rasteten zusammen und verbrachten den ganzen Tag mit ihm. Natürlich war er besser ausgerüstet als wir und bewirtete uns mit Tee und Konserven. Auch führte er den größten Luxusreiseartikel der Wüste in genügender Menge mit sich, nämlich aus alten Kisten gewonnenes Brennholz, womit wir die Mahlzeiten auch wärmen konnten.

Die Reiseroute der Karawanen ist durch die Gerippe verendeter Kamele bezeichnet, die im Laufe der Zeit in unendlicher Anzahl den Beschwerden der Reise erlagen. Wir sahen auf unserer Saharadurchquerung 156 Gerippe, auch menschliche Skelette fielen in unser Blickfeld.

Nie werde ich diese Wochen vergessen, da wir, jeden Augenblick eines schauderhaften Todes gewärtig, uns durch dieses unheilvolle Stück Wüste schleppten, bis wir endlich den französischen Militärposten In-Salah erreichten. Für einige Tage wurden wir hier freundlich aufgenommen, die grauen Mauern des kastellartigen, durchaus nicht schönen Gebäudes schienen uns wie ein Märchenschloß, und die gewöhnlichen Soldatenbetten sahen wir für die größte Wohltat an, die es nur je geben könnte.

Endlich waren wir wieder gründlich ausgeruht und hatten uns mit halbwegs europäischer Kost sattgegessen. Die drei erschöpften Kamele ließen wir in In-Salah, wofür wir vier andere, noch kräftige bekamen; dann schieden wir, um die Wüstenwanderung neuerlich fortzusetzen. Nun kamen wir in ein mehr felsiges Gebiet der Sahara, die hier von Nord-Süd gerichteten Bergketten durchzogen ist.

Von In-Salah ging es südlich nach Tamm-Anrasset (Tamanrasset). Die Bewältigung dieser Strecke dauerte 25 Tage. Es war Juni, die heißeste Zeit des Jahres diesseits des Äquators. Das Gebiet gegen Tamm-Anrasset ist nicht mehr sandig, sondern felsig. Auch hier konnten wir nur stellenweise unsere Räder benützen, denn es gab nur ganz schmale Pfade zwischen den Felsen. Viele Gazellen und Antilopen waren zu zählen, von denen wir einige schießen konnten, die Beute wurde am offenen Feuer gebraten, was nach den anstrengenden Märschen vorzüglich mundete. Es ist dies das Gebiet, das von dem Stamme der Tuaregs [richtig ohne Mehrzahl-s] bewohnt ist, ein kriegerisches Volk, das hier in den Felsentälern von Tamm-Anrasset ein halbzivilisiertes Leben führt. An ihrer Spitze steht ein Sultan, der über das ziemlich fruchtbare Land herrscht und dem auch einzelne kleinere Stämme von Berbern und Negern unterstehen. Wir waren nun wieder unter Menschen; wenn man ihnen auch nicht recht trauen konnte, so war aber doch das bange Gefühl der Einsamkeit von uns gewichen.

Lange Wochen fuhren wir nun durch das ausgedehnte Land der Tuaregs, das auch wieder genug an Interessantem in sich barg. Überall in den Dörfern, die an besonders fruchtbaren Punkten anzutreffen waren, herrschte lebhafter Handel dieses sogar Viehzucht treibenden Volkes, das an Stelle von Geld noch Baumwollstreifen oder die sogenannte Negerhirse verwendet.

Die Königin der Tuaregs interessierte sich sehr für unsere Fahrräder. Ich mußte sie auf mein Rad setzen und ihr eine Lektion im Fahren geben. Da die Königin ungefähr 100 Kilo wog, wahrhaftig keine kleine Aufgabe. Noch dazu fand sie an dieser neuen Art der Fortbewegung so großen Gefallen, daß sie einfach nicht mehr vom Rade herunterzubringen war und ich ein paar Stunden im Schweiße meines Angesichtes die

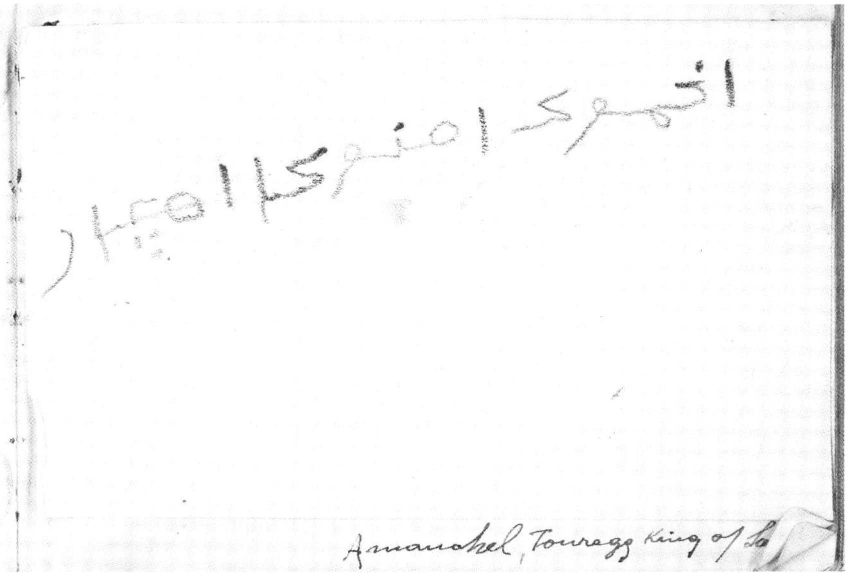

Aus dem kleinen Erinnerungsalbum der Weltreisenden: Unterschrift eines Tuareg-Fürsten – Sztavjanik bezeichnet ihn als „King of Sahara". Zuerst (von rechts zu lesen) in arabischen Schriftzeichen steht da der Name („Achmuk") und dann das Wort „Amenukal", was soviel wie König, Fürst bedeutet. Der Rest ist schwer zu entziffern, offensichtlich wurden auch Buchstaben aus der Tuareg-Schrift, dem Tifinarh oder Tifinagh, verwendet.

süße Last balancieren mußte. Damals nahm ich mir vor, in der Sahara keine Radfahrschule zu errichten.

Auf der Strecke von In-Salah bis Agadez befindet sich wieder ein Militärposten der Franzosen. Auch hier in diesem festungsartigen, von aller Welt abgeschiedenen Bollwerk genossen wir die beste Aufnahme des Legionskommandos und wurden mit frischen Vorräten beteilt. Nun hatten wir noch das letzte Stück, das zur Sahara gehört, zu überwinden, und zwar den Weg durch das Gebirgsland der Tuaregs bis zur Oase Air mit der Hauptstadt Agadez.

Jeder Militärposten verständigte immer den nächsten Posten von unserem Kommen. Die Stationen sind mit Sendern und Empfängern ausgestattet. Ich brauche Ihnen nicht zu sagen, wie glücklich wir waren, auf diese Art wieder von Zeit zu Zeit mit der Welt in Berührung zu kommen und im Radio Musik hören zu können. In den Stationen befinden sich je einige Offiziere mit mehreren 100 Mann eingeborener Truppen, meist Negern und Tuaregs. Viele Forscher behaupten, daß dieser Stamm, der meist blondhaarige Angehörige aufweist, aus dem Norden komme und während der Kreuzzüge hierher verschlagen worden sei. Sie haben fast keine Religion, man sieht aber an ihren Sachen ein kreuzähnliches Abzeichen, über dessen Ursprung sie aber selbst im Unklaren sind. Sie vermischen sich fast nie mit Negern.

Auch in Agadez sind die Gebäude aus Lehm errichtet. So wie in den anderen Stationen führen die französischen Offiziere auch hier ein weltentlegenes Dasein. Die Ablösung erfolgt nach einigen Monaten, die Kost besteht aus Konserven, der Regen wird in Wasserlöchern zum Trinken gesammelt. Kein beneidenswertes Leben, aber unvermeidlich, wenn eine menschenarme Nation Weltmachtpolitik betreibt und diese Politik nur mit Farbigen und Söldnern gehalten werden kann.

Der Sand verweht auch diese Militärstationen manchmal. In der Nähe von In-Salah gab es auch eine vom Sand ganz verschüttete militärische Siedlung. Sogar die Umfassungsmauern waren bis hinauf zum kleinen Turm, der sich immer daran befindet, verweht. Wir begaben uns – von einem Offizier des vorhergehenden Postens verständigt – dorthin. Er hatte uns gesagt, daß wir, falls wir Proviant brauchten, uns dort ausgraben könnten, was wir wollten, da eine Bergung der Vorräte aus wirtschaftlichen Gründen nicht rationell sei. Doch warnte er uns davor, verdorbene Lebensmittel zu genießen. Jedoch wenn man Hunger hat, verträgt man ganz unglaubliche Dinge!

Einige Tagreisen von In-Salah fanden wir die gesuchte Siedlung, eigentlich nur durch einen glücklichen Zufall, weil der Turm hervorragte. Wir drangen mit vieler Mühe ein und fanden in einem ganz finsteren Verschlag einige Kisten Eßwaren. Leider durften wir das Kamel nicht überlasten und mußten uns mit einer tüchtigen Mahlzeit von Corned-Beef und Büchsenobst begnügen und konnten nur das Allernötigste mitnehmen. Viele Pakete Makkaroni, die dort aufgestapelt waren, fanden wir von Schlangen bewohnt. Sie hatten die Papierumhüllung zerrissen und wollten sich dort breitmachen. Sollte das vielleicht ein primitiver Versuch von Mimikry sein und hofften etwa die Schlangen, für eine Art von Makkaroni gehalten zu werden? Unnötig zu sagen, daß wir auf diesen sonst so willkommenen Leckerbissen verzichteten.

Außer den Sandflöhen, die uns immer die Nähe einer menschlichen Siedlung anzeigten, gibt es in der Wüste keine Insekten. Die Sandflöhe sind schreckliche Plagegeister, die sofort unter die Zehen- und Fingernägel kriechen und dort stechen. Im Steppengebiet gibt es auch Skorpione, wo immer Wasser in der Nähe ist. In diesen Regionen büßen viele Menschen durch Schlangen- oder Skorpionbisse ihr Leben ein. Während der Biß des Skorpions bekanntermaßen schmerzt und so auf die Gefahr aufmerksam macht, ist der Biß der Schlangen schmerzlos,

„Nach Durchquerung der Sahara“: in Agadez

auch wenn die Schlange giftig ist. Es ist daher ratsam, die betreffende Körperstelle wenn möglich sofort abzubinden. Die Eingeborenen brennen die Wunden mit glühendem Eisen aus.

Neben den Kamelen wären noch die Gazellen zu erwähnen, die in Randgebieten leben, außerordentlich graziöse und geschmeidige Tiere mit bewundernswertem Geruch- und Gehörsinn.

Wir hatten 4.620 Kilometer Wüstenfahrt hinter uns, in der nächsten Militärstation in Zinder mußten wir diese Überanstrengungen durch einen bösen Malariaanfall büßen. Wir hatten hohes Fieber mit darauf folgender Untertemperatur. Wir wurden von den Offizieren in dem dortigen primitiven Krankenhause untergebracht, was eine Unterbrechung der Reise von 35 Tagen in sich schloß. Während des schrecklichen Fiebers fragte ich mich oft, ob ich nicht am Ende hier im Wüstensande begraben würde, ohne Mutter und Geschwister wieder

Afrika-Szenen aus Sztavjaniks Fotoalben: wie üblich ohne nähere Angaben

gesehen zu haben. Aber der Arzt, der mir seinerzeit in Helsingfors gesagt hatte, ich hätte eine eiserne Gesundheit, sollte Recht behalten, ich erholte mich.

In Zinder wurden wir mit Ehrungen geradezu überhäuft, es gab Empfänge, Festessen und Vorsprachen beim Gouverneur der Nigerkolonie, der uns ein Diplom für die Wüstendurchquerung überreichte. Nun war eine große Etappe unserer Weltreise hinter uns. Viel Mut und Ausdauer

Der französische Militärkommandant von Zinder in Niger stellte unseren Abenteurern folgendes Zeugnis aus (Übersetzung aus dem Sztavjanik-Nachlaß):
„Wir waren glücklich, am 20. September 1926 in Zinder die Herren I. Davar und G. Sztavjanik aufzunehmen. Es sind dies die ersten Radfahrer, die die Sahara von Norden nach Süden durchquerten, von Algier nach Zinder. Dieses Unternehmen, das erste dieser Art, wurde, wenn nicht mit Leichtigkeit, so doch mit übermenschlicher Energie und ebensolchem Mute durchgeführt. Die Strecke beträgt 3620 km in einem fast vollständigem Wüstenlande ... Man muß sagen, daß in diesem Unternehmen eine sportliche Leistung steckt, die Bewunderung verdient.“
Das Dokument trägt die eigenhändige Unterschrift des Colonel Dore und den Stempel des „Territoire du Niger“.

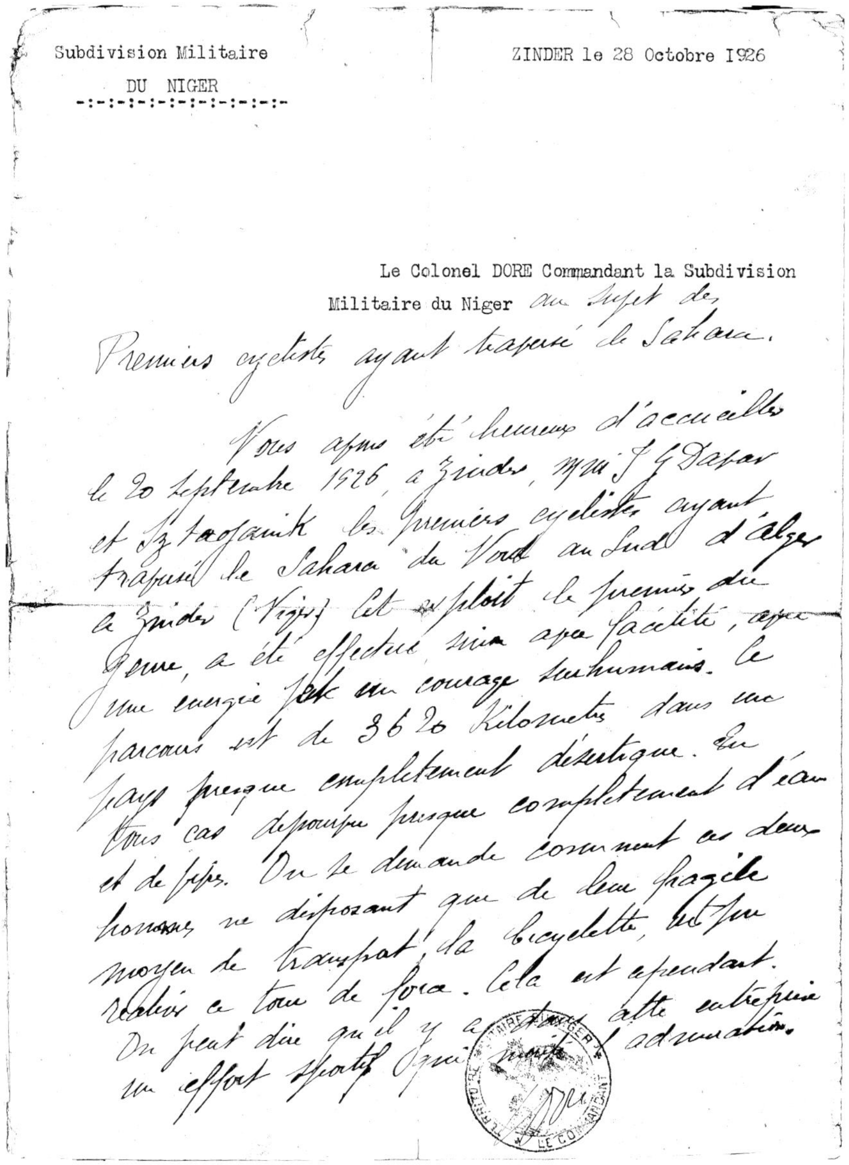
Subdivision Militaire
DU NIGER
-:-:-:-:-:-:-:-:-:-

ZINDER le 28 Octobre 1926

Le Colonel DORE Commandant la Subdivision Militaire du Niger au sujet des Premiers cyclistes ayant traversé le Sahara.

Nous avons été heureux d'accueillir le 20 Septembre 1926, à Zinder, MM. J. G. Davar et Sztavjanik les premiers cyclistes ayant traversé le Sahara du Nord au Sud d'Alger à Zinder (Niger). Cet exploit, le premier du genre, a été effectué, sinon avec facilité, avec une énergie et un courage surhumains. Le parcours est de 3620 kilomètres dans un pays presque complètement désertique. En tous cas dépourvu presque complètement d'eau et de vivres. On se demande comment ces deux hommes ne disposant que de leur fragile moyen de transport, la bicyclette, ont pu réaliser ce tour de force. Cela est cependant. On peut dire qu'il y a dans cette entreprise un effort sportif qui mérite l'admiration.

TERRITOIRE DU NIGER
LE COMMANDANT

und auch besonderes Glück waren notwendig gewesen, um diese fünf Monate durchzuhalten, da wir im wahrsten Sinne des Wortes auf uns allein gestellt waren. Erst nach längerer Ruhepause und Heilung meiner Krankheit zogen wir weiter.

Unvergeßlich wird mir diese Zeit bleiben, diese eintönige Wanderung auf weglosen weiten Sandflächen, die uns oft genug an einen grausigen Tod gemahnt hatten, wenn wir an den ausgedorrten, sonnengebleichten Überresten umgekommener Wüstenwanderer vorbeikamen. Aus Langeweile zählten wir die Kadaver und Gebeine der Kamele, die wir am Weg liegend fanden. Einige Male hatten wir die wunderbare Erscheinung einer Fata morgana am Himmel wahrgenommen, und täglich gestaltete sich der Sonnenaufgang zu einem märchenhaften Anblick, wenn unsere strenggläubigen Araber sich neben ihren Kamelen in den goldleuchtenden Sand niederließen, und ihre Gebete feierlich der Sonne zuriefen.

Von Zinder zogen wir durch das Steppengebiet nördlich des Nigerflußes. Nun ging es in regelmäßig eingeteilten Tagesfahrten und Märschen nach Kano, der Residenz des reichen Negerkönigs, der die 100.000 Eingeborenen der Negerkolonie von Britisch Nigeria [heute: Nigeria] beherrscht. Frohes Treiben und heitere Festlichkeiten fanden wir am Hofe dieses Königs, dem unser Besuch eine hohe Ehre zu machen schien, da er uns mit großem Zeremoniell empfing. Wir mußten neben ihm Platz nehmen und dem Tanz seiner Untertanen zusehen, die in grotesken Sprüngen und Reigenvorführungen das Fest der Ernte feierten. Uns beiden, die wir an ruhige und stille Einsamkeit gewöhnt waren, wurde der heulende Freudenjubel der Eingeborenen alsbald allzu laut, und wir verabschiedeten uns von dem schwarzen Herrscher, der uns vor unserem Scheiden mit mancherlei Geschenken bedachte.

Im Steppengebiet der Sahara, welches wir nun erreichten, hätten wir

Im Steppengebiet des Niger-Flusses (Britisch Nigeria)

endlich unsere lieben Räder wieder benützen können, wenn nicht das Dornengestrüpp, welches die schmalen Pfade dort einsäumte, die Pneus zerstochen hätte. Wir mußten jetzt unsere Pneus mit Gras und Fetzen ausstopfen, um weiterfahren zu können, es war wirklich unglaublich, daß die Räder den ungeheuren Anforderungen standhielten. Die Gegend trug hier Steppencharakter, wir sahen Giraffen, Zebras und auch Hyänen, Affen begegneten wir schon hier und später in den Wäldern rudelweise. Wochenlang ging so unsere Reise durch das Steppengebiet, bis wir endlich in die Zone der Urwälder kamen.

In diesem ganzen Gebiet gab es nur kleine Negersiedlungen. Die Leute wohnen in Strohhütten und leben von Jagd, Geflügelzucht und Mais. Sie waren sehr gastfreundlich und überließen uns sogar ihre Hütten zum Schlafen und übernachteten selbst im Freien – was gewiß nicht jeder europäische Gastgeber tun möchte. Auch Hühner machten sie uns zum Geschenk.

Als wir dann später zu den größeren Siedlungen kamen, wurden wir immer vom Häuptling empfangen, der die Trommeln als Signal schlagen ließ und so die Schwarzen der Umgebung zusammenrief. Jeder bekam nun den Auftrag, irgend etwas für uns beizusteuern, Bezahlung wurde keine genommen. So erhielten wir Strohmatten, Kamelmilch, andere machten Feuer, und wir konnten unsere Fisolen kochen. Die Neger hockten dabei im Kreis bis spät in die Nacht hinein, wenn wir schon schliefen, ums Feuer: Vielleicht geschah dies im Auftrag ihres Königs, um uns zu schützen. Jedenfalls haben sie uns nie ein Leid getan und uns auch nie bestohlen. Um ihnen eine kleine Freude zu machen, wollten wir ihnen unsere Photographiealbums zeigen, aber sie waren wie die kleinen Kinder, nahmen die Bücher verkehrt in die Hand und schienen die Sache nicht zu verstehen. Trotzdem dankten sie immer lächelnd und zeigten ihre schönen weißen Zähne. Die Räder bestaunten sie und wollten alle fahren, flogen aber natürlich herunter.

Wenn wir Hilfe brauchten, mußten wir nur durch Zeichen zu verstehen geben, daß wir etwas benötigten, und sofort waren sie zur Stelle und gingen oft zwei bis drei Tage mit uns, bis wir den gewünschten Ort erreichten. Nach kurzem schlichtem Dank oder dem Empfang eines bescheidenen Geschenks wandten sich diese Leute wieder zum Gehen, und der Abschied war ebenso einfach, wie wenn ich hier einen Bekannten beim Stadtpark treffe und ihn bis zum Schottentor begleite.

Überhaupt existiert der Begriff von Zeit und Raum in Afrika nicht wie bei uns, die wir, kleinlich geworden durch den Kampf ums Dasein, mit den Minuten und Kilometern geizen und protzen, je nachdem. Dort in der Unendlichkeit der großangelegten Natur spielen alle diese Dinge nicht dieselbe Rolle. Die Menschen dort sind gewiß glücklicher als wir, denn sie kennen nicht das nervenaufreibende Hasten großer Städte oder der Riesenbetriebe und sind zufriedener, weil sie weniger Bedürfnisse haben.

Wir kamen nun dem gewaltigen Nigerfluß näher, der das weite Steppengebiet durchzieht, das die südliche Grenze der Sahara bildet. Nach mühevoller Fahrt über die Felsenwege und das Steppengelände standen wir endlich eines Morgens an dem Ufer des Niger, der als goldleuchtendes Band durch die öde und stille Gegend dahinzog. Wir mußten hinüber, um nach Lagos zu kommen, das am Golf von Guinea gelegen ist. Der breite Strom war am Rande ziemlich seicht, aber gegen seine Mitte zu vertiefte sich das Bett zusehends. Ein Durchwaten, wie wir es öfter schon getan hatten, wenn sich an einem Fluß keine Fahrgelegenheit zu einer Überfuhr ergeben hatte, war daher diesmal nicht möglich. Wir schritten ein Stück stromaufwärts, aber die Ufer des Niger waren wie ausgestorben, kein Eingeborener und kein Boot war zu finden.

Wir setzten uns verärgert an dem flachen Strand des breiten Flusses nieder, und mein Begleiter Davar warf gedankenlos kleine Steinchen in das leicht rauschende Wasser. Da auf einmal kreiselte sich die Oberfläche des seichten Wasserspiegels. Etwas Dunkles tauchte daraus hervor, eine aufgeblähte Nase, zwei hervortretende Augen. „Ein Krokodil!" rief ich mit begreiflichem Entsetzen, und Davar und ich rissen unsere Räder an uns und flohen ein Stück landeinwärts. Bald darauf, als wir uns wieder umblickten, wimmelte es auf dem sandigen Ufer von unzähligen Krokodilen, die, aus ihrem Morgenschlaf geschreckt, nun faul und träge dahinkrochen und sich mit Wohlbehagen die warme Sonne auf die dicke Haut brennen ließen.

Ein neuerlicher Versuch, unbemerkt von den Bestien zum Ufer des Niger zu gelangen, schlug fehl. Kaum hatten wir die Krokodile in weitem Bogen umgangen, um an einer entfernten Stelle zu versuchen, über den Fluß zu kommen, als sich auch hier schon die auftauchenden Dickhäuter zeigten. Ja, einer der gewaltigen Kolosse kam gerade auf uns zu und sperrte den Rachen auf, so daß wir uns auch diesmal wieder in

Aus den Afrika-Bildern des Nachlasses Sztavjanik

aller Eile aus dem Staube machen mußten. Sengend brannte die Sonne auf die Felsensteine herunter, die wenigen Bäume, die ausgedörrt und kümmerlich hier wuchsen, verbreiteten gar keinen Schatten, denn wir waren fast am Äquator. Mißmutig und zermürbt von der langen Fahrt des vorherigen Tages beschlossen wir, einige Stunden im dürftigen Schatten eines Zeltblattes zu warten.

Aber vergeblich. Waren einige von den gefährlichen Dickhäutern ins Wasser zurückgekehrt, so kamen an ihrer Stelle andere wieder an den Strand gekrochen, und so wechselte den ganzen Tag der rege Besuch dieses Strandbades. Als endlich die Nacht gekommen war, schritten wir vorsichtig abermals zum Ufer des Niger und zogen an seinem Rande stromabwärts, um entweder eine Übergangsmöglichkeit zu finden oder an irgendeiner Stelle ein verstecktes Kanu zu finden. Stunde um Stunde gingen so dahin, unsere Beine wollten schon versagen, und etwas wie Verzweiflung schlich sich in unsere Sinne.

Da endlich – es begann bereits am Rand des Horizontes der Tag zu grauen – hörten wir ein Geplätscher und leisen Stimmenlärm vor uns. Wir beschleunigten trotz der Übermüdung unseren Schritt und sahen bald zu unserer lauten Freude eine Gruppe von Eingeborenen, die am Strande mit einem Boot hantierten.

Wir riefen sie an und zeigten ihnen durch Gebärden, daß wir gerne auf das jenseitige Ufer des Niger gelangen wollten; mein Freund und

Begleiter zog überdies einige Glaskugeln aus der immer bereitgehaltenen Tasche, womit er die halbwilden Neger leichter zu diesem Dienst zu gewinnen suchte. Sie machten auch ohne besondere Umstände ihr einfaches Boot sogleich flott und legten die Ruder ein. Und dann tauchte das Kanu mit uns und unseren Rädern in die Fluten des Niger, der wie ein grausilbernes Band die morgenblasse, öde Felslandschaft zerteilte.

Am drüberen Ufer angelangt, dankten wir den braven Eingeborenen für die Überfahrt, und schritten sodann ein Stück landeinwärts, um dann aber einen ausgiebigen Schlaf zu halten. Mein Freund Davar schlief sofort ein, während ich gemäß unserer Schichteinteilung zu wachen hatte. Da war das Augenoffenhalten eine wahre Kunst, denn wir hatten über vierundzwanzig Stunden nicht geruht, und Müdigkeit und Abspannung verlangten bereits ihre Rechte.

Beim König von Abeokuta fanden wir angenehme Aufnahme. Im Orte selbst leben einige Engländer, ein englischer Offizier führte uns zum König, der zu unserem Erstaunen sehr gut englisch sprach, da er in England studiert hatte. Er trug eine sehr malerische Tracht, wartete uns mit Wein auf, auch für ihn dürften die europäischen Radfahrer ersehnte Abwechslung gewesen sein.

Unsere Reise ging nun nach Lagos küstenwärts nach Süden, 20 Kilometer vor Lagos wandelte sich der Weg plötzlich in eine herrliche Asphaltstraße. Unsere armen, wüsten- und steppenmüden Räder waren glücklich, als wir stolz in Lagos einfuhren. Von Lagos ging es westwärts durch das Gebiet von Dahomey durch die ehemalige deutsche Kolonie Togo, wo es sogar noch Neger gibt, die etwas deutsch sprechen. Die Erinnerung und der Dank an die Zeit eines vorbildlichen deutschen Kolonialaufbaues unter den Negern ist lebhaft und immer wurden uns Fragen über das Deutsche Reich, ja sogar um einzelne Personen gestellt. Dann fuhren wir längs der Elfenbeinküste und Liberien nach Sierra Leone und wieder nordwestlich nach Französisch Guinea. Von dort gelangten wir in den französischen Sudan [heute: Mali], wo wir ein ganz interessantes Abenteuer hatten.

Grasland wechselte mit dichten Wäldern und Steppen. Am Rande eines alten, finsteren Waldes hatten wir eines Abends unser einfaches Lager aufgeschlagen, und, da es ringsherum ruhig war und nach der Lage dieser Stelle ein Überfall größerer Tiere nicht zu befürchten schien, ver-

Auch der als Vasall der Engländer in Abeokuta residierende König empfing die beiden Radfahrer. Oben eine seiner „Prinzessinnen"

zichteten wir diesmal auf die Vorsicht des schichtweisen Schlafens. Es mochte zwei Uhr morgens gewesen sein, als ich erwachte und ein Geräusch in unserer Nähe vernahm. Ich weckte Davar, wir nahmen unsere Gewehre zur Hand und lauschten angestrengt in das Dunkel hinein. Aber es blieb nun ringsum lautlos, und ich war bald der Überzeugung, daß ich mich getäuscht haben mußte oder das Rascheln des hohen

Savannengrases für Tierschritte gehalten hatte. So schliefen wir nach halbstündigem Wachen wieder beruhigt ein.

Aber der Morgen brachte uns eine nette, aber gleicherzeit auch ein wenig gruselige Überraschung. Zu unserem nicht geringen Erstaunen schnupperten zwei winzige Löwenbabys an unseren Provianttaschen herum, die wahrscheinlich von ihrer vergeßlichen Mama zurückgelassen wurden, als sie uns während der Nacht mit ihrer Familie einen Besuch abstatten wollte und dann infolge unseres Erwachens verscheucht worden war. Wir nahmen die beiden Kleinen mit uns, die wie zärtliche Katzen mit uns spielten; an der Grenze des Senegal verkauften wir sie einem französischen Offizier, da sie ja bis zu unserer Heimkehr nach Wien zwei tüchtige, ausgewachsene Löwen geworden wären.

Was das Leben der französischen Offiziere anbetrifft, ist es eine be-

Empfang bei den Pfadfindern in Lagos (Britisch Nigeria)

Davar und Sztavjanik mit den beiden Löwenbabys, die deren Mutter bei einem nächtlichen Besuch „vergessen" hatte

kannte Tatsache, daß sie mit Negerinnen Ehen eingehen oder sie zu Lebensgefährtinnen machen und so zur Negrisierung Frankreichs beitragen, da sie häufig diese Kebsweiber und ihre Kinder bei der Rückkehr nach Frankreich mit sich nehmen. Im übrigen sind in französisch Nigerien [heute: Niger] eigene Schulen für diese Mischlinge errichtet.

Weiter ging es dann nach der Hauptstadt des französischen Sudan, nach Bamako. Dort sprachen wir beim Gouverneur vor, der uns beglückwünschte und uns eine Art von Gratulationsbrief gab. Die Straßen vom Sudan nach Senegal sind ziemlich sandig, aber die Wege waren doch besser als in der Wüste. Wir mußten aber Wasser in Kürbisflaschen, Ziegenhäuten etc. mitnehmen und als Proviant Konserven und Biskuits.

Diese ganze Reise, die wir nach der Sahara zurücklegten, beanspruchte natürlich wieder Monate, und es war schon wieder ein neues Jahr, 1927, als wir Dakar, die Hauptstadt Senegals, erreichten. Hier mußten wir uns einige Zeit aufhalten, um uns die Reisepapiere zur Überfahrt nach Brasilien und auch Reisegeld zu verschaffen. Ursprünglich wollten wir uns wegen der Ebbe in unserer Kasse anheuern lassen,

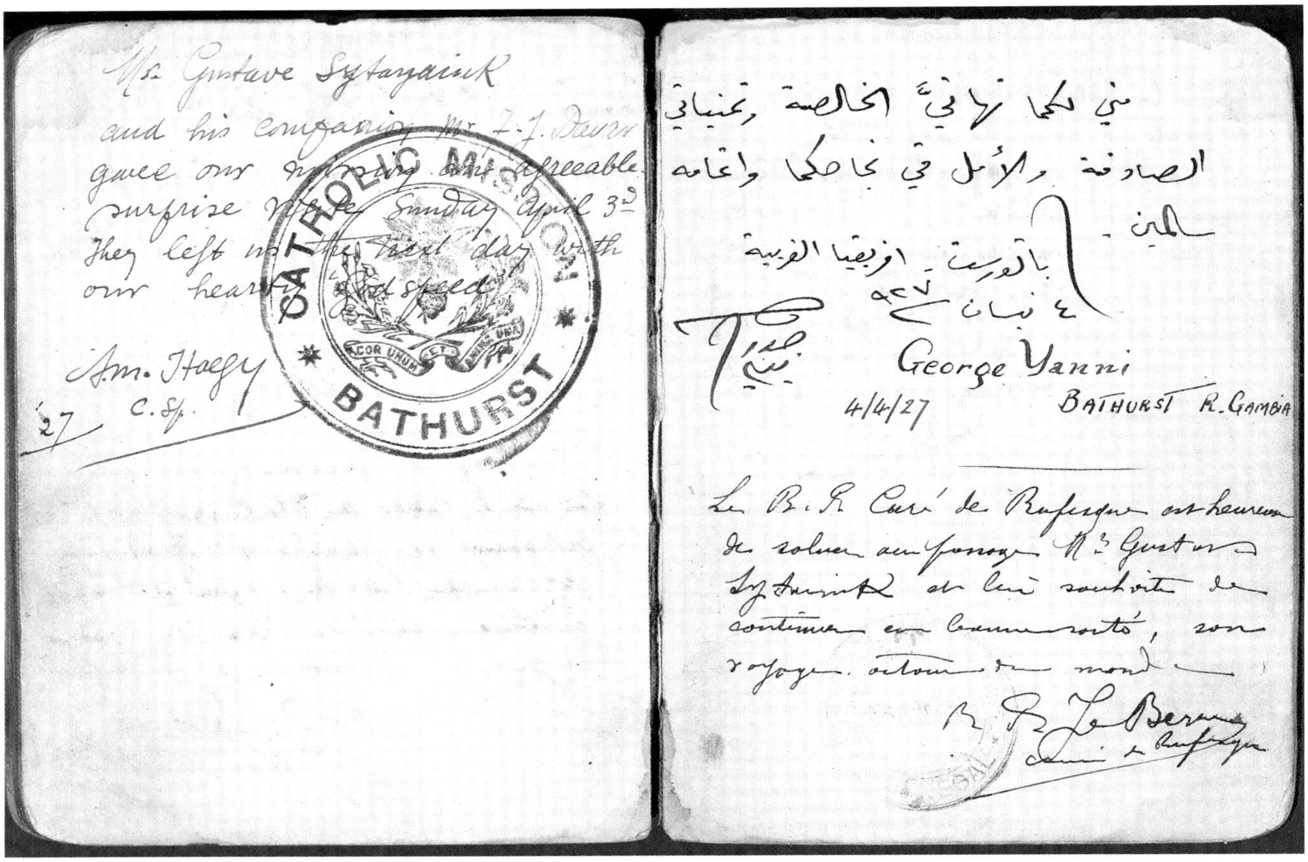

um auf die Kap Verdischen Inseln, die westlich von Dakar liegen, hinüber zu fahren. Aber eine Gruppe von Kaufleuten in Dakar, die für unsere bisherige sportliche Leistung offenbar Sympathien gewonnen hatten, tat sich zu unserer Unterstützung zusammen, und so war es möglich, bei einer französischen Schiffahrtsgesellschaft die Überfahrt um den halben Preis zu erhalten. Im April schifften wir uns mit dem Ziele Südamerika nach Rio de Janeiro ein.

Unerwähnt läßt Sztavjanik in seinem Bericht den Aufenthalt in Bathurst (Gambia), offenbar die letzte Station vor Dakar (oder von Dakar aus während der Wartezeit auf eine Fahrtmöglichkeit nach Südamerika angefahren). Hier jedenfalls der entsprechende Beleg dieses Besuchs im „Fahrtenbuch".

Der historische Hintergrund

Gustav Sztavjanik war elf, als der Erste Weltkrieg zu Ende ging, in dem sein Bruder Eduard als Marineflieger abgeschossen wurde und um ein Haar dem Tod entging, als die österreichisch-ungarische Monarchie zerfiel, als aus dem Habsburgerreich das kleine Rest-Österreich hervorging, an dessen Überlebensfähigkeit niemand so recht glauben wollte. Der Krieg und seine Folgen hatten das Land ausgezehrt, das durch die Bildung der Nationalstaaten von seinen bisherigen Ressourcen abgeschnitten war. Die heimkehrenden Soldaten, viele davon invalid, hatten keinen Lebensinhalt und keine Beschäftigungsmöglichkeiten mehr, die Wirtschaft lag darnieder, die Bevölkerung hungerte.

Politische und wirtschaftliche Instabilität führten zu einem Klima, bei dem ein Funke genügte, um einen Flächenbrand zu entzünden. Ohne das Anschlußverbot, das die Siegermächte im Friedensvertrag von St. Germain proklamiert hatten, hätte Österreich sich vermutlich gleich mit Deutschland verbunden. Bis 1920 versuchte eine sozialdemokratisch-christlichsoziale Koalition unter Karl Renner die ärgste Not in den Griff zu bekommen. Nach deren Bruch und der Regierungsbildung durch die bürgerlichen Parteien verschärfte sich der Konflikt zwischen „links" und „rechts", angeheizt durch die wirtschaftliche Not, die das Land nahe an den Abgrund drängte. In der Verfassung wurde immerhin der Wille zur Demokratie festgeschrieben.

Ab 1922 bemühte sich die christlichsoziale Regierung unter Prälat Ignaz Seipel um die Sanierung der Wirtschaft und vor allem darum, der galoppierenden Inflation Einhalt zu gebieten. Eine Völkerbundanleihe deckte zwar das sprunghaft angestiegene Defizit, aber die erforderlichen Sparmaßnahmen trafen vor allem die unteren sozialen Schichten mit voller Härte. Die Folge waren zunehmende soziale Spannungen und ein weiteres Ansteigen der Arbeitslosigkeit. Im September 1924 hatte die Inflation ihren Höhepunkt erreicht. Genau einen Monat nach Gustav Sztavjaniks Abreise aus Wien, am 19. Dezember 1924, wurde die Krone – inzwischen nicht einmal mehr das Papier wert, auf dem sie gedruckt war – als Währung durch den Schilling abgelöst.

Die wachsende soziale Kluft zwischen der Arbeiterschaft, die endlich Terrain gewinnen wollte, und dem Bürgertum, das sich auf dem wirtschaftlichen Abstieg befand, führte zur Gründung paramilitärischer Armeen, der ultrarechten Heimwehr und des austromarxistischen Schutzbundes, der durch die zahlreichen Arbeitslosen Verstärkung erfuhr. Der Kampf verlegte sich immer mehr auf die Straße, die Konflikte eskalierten, unter anderem über den Ausgang des sogenannten Schattendorfer Prozesses. Die Massen gerieten außer Kontrolle, am 15. Juli 1927 wurde der Justizpalast in Brand gesteckt, die Polizei erhielt Schießbefehl, 90 Menschen kamen in der Folge ums Leben.

Gerade als sich die politischen und wirtschaftlichen Zustände wieder einigermaßen zu konsolidieren begannen, gefährdete die 1929 durch den Sturz der New Yorker Börse verursachte Weltwirtschaftskrise neuerlich die Stabilität. Banken brachen zusammen, viele Menschen verloren durch riskante Spekulationen ihre Ersparnisse, die Massenarbeitslosigkeit erreichte mit an die 200.000 unterstützten Arbeitslosen einen neuen Höchststand.

Diese Zeit äußerster Unsicherheit verbrachte Gustav Sztavjanik auf Reisen. Ihn beschäftigten ganz anders geartete, wenn auch ebenso existentielle Probleme. Nicht: wie überlebt man, wenn die Lebenshaltungskosten innerhalb weniger Monate auf ein Vielfaches steigen, sondern: wie überlebt man in der Wüste, ohne Wasser, auf den Höhen der Anden oder in den Urwäldern am Amazonas.

War Österreich in dieser Zeit, wenn auch nicht allein mit seinen Problemen, so doch zwangsläufig ganz auf sie konzentriert, so lernte der Weltumfahrer Sztavjanik ganz andere Lebensbedingungen, politische und wirtschaftliche Systeme kennen. In den ersten beiden Jahren, auf der Reise durch Europa, wurde er wohl immer wieder mit ähnlichen Sorgen und Schwierigkeiten konfrontiert, wie er sie aus Österreich kannte. Manche Länder handhabten die Ein- und Durchreisebestimmungen äußerst restriktiv, um das Einsickern weiterer Arbeitssuchender zu unterbinden. Ein offizielles Schreiben des Bundesministeriums für Handel und Verkehr, wo seine Schwester Gisa arbeitete, bestätigte Sztavjanik das rein sportliche Interesse seiner Reise, um die Grenzformalitäten zu erleichtern

In Deutschland begann 1925 Hitlers Aufstieg: „Mein Kampf" wurde publiziert und zugleich zum Programm der neugegründeten NSDAP.

Deutschland hatte schwer an den Reparationszahlungen nach dem verlorenen Krieg zu tragen, aber auch die Siegermächte hatten sich noch lange nicht von den Verlusten des Krieges erholt. In Rußland waren nach Lenins Tod die Machtkämpfe losgebrochen, aus denen Stalin schließlich als Sieger hervorging, während Trotzki in den Kaukasus verbannt wurde.

Bei seiner Reise durch Afrika wurde Gustav Sztavjanik mit der französischen Kolonialpolitik konfrontiert. Seit Mitte des 19. Jahrhunderts hatte Frankreich Algerien, weite Gebiete der Sahara und Nordwestafrikas erobert. Die über die gesamte Region verteilten Militärstützpunkte sicherten den Franzosen lange Zeit ihre Vormachtstellung, bis 1962 nach zahlreichen Aufständen und blutigen Kämpfen Algerien als letzte französische Kolonie in Afrika in die Unabhängigkeit entlassen wurde.

Auch Großbritannien besaß in der ersten Jahrhunderthälfte noch Kolonien auf dem schwarzen Kontinent, unter anderem im Gebiet des Sudan, des heutigen Nigeria und der angrenzenden westafrikanischen Küstenstaaten. Spanien hatte noch Einfluß über Gebiete in der Westsahara, Portugal behielt bis in die fünfziger Jahre Einfluß über das heutige Guinea-Bissau, und das einst deutsche Schutzgebiet Togo war 1922

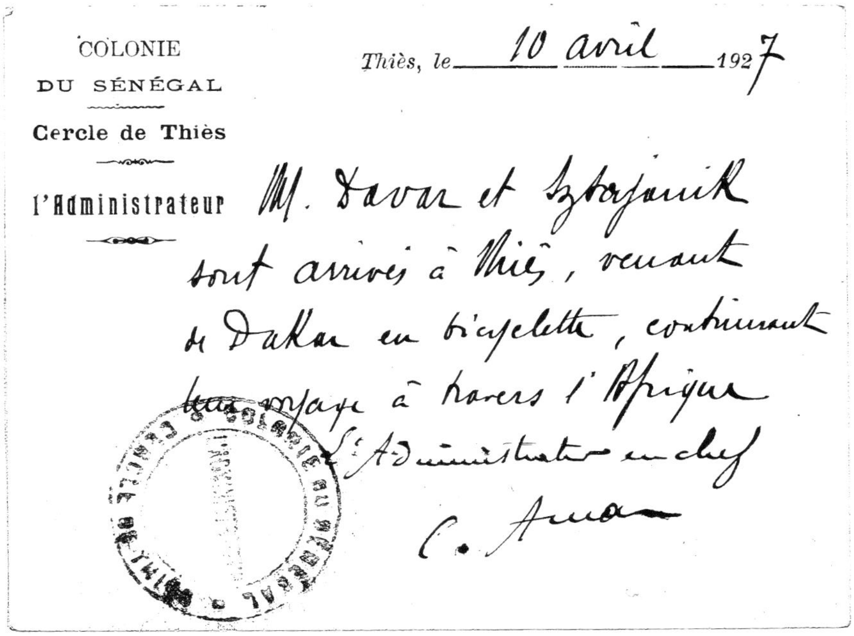

COLONIE
DU SÉNÉGAL
Cercle de Thiès
l'Administrateur

Thiès, le 10 avril 1927

M. Davar et Sztavjanik sont arrivés à Thiès, venant de Dakar en bicyclette, continuant leur voyage à travers l'Afrique

L'Administrateur en chef

C. Aman

Kolonialzeit: Nord- und Westafrika durchfuhren die beiden Weltenradler ausschließlich auf dem Gebiet europäischer (französischer und britischer) Kolonialverwaltungen.

Völkerbundmandat geworden und erlangte erst 1960 die Souveränität. Aufstände und Unabhängigkeitsbewegungen kennzeichneten aber bereits in den zwanziger Jahren in ganz Nordafrika das Ende des Kolonialismus.

Eine ganz andere Situation fanden die beiden Weltreisenden nach ihrer Überfahrt nach Südamerika vor. Die Staaten dieses Kontinents hatten sich durchwegs schon im 18. Jahrhundert von ihren Mutterländern Spanien und Portugal losgesagt. Eine teils florierende, jedoch äußerst labile Wirtschaft führte immer wieder zu sozialen Spannungen zwischen der Oberschicht der Großgrundbesitzer und den besitzlosen Arbeitern und zu politischen Umstürzen. In den zwanziger und dreißiger Jahren wurden die meisten Länder des südamerikanischen Kontinents von rechtsgerichteten Militärregierungen beherrscht. Auf den Höhen der Anden und in den Urwäldern entlang des Amazonas blieben Sztavjanik und Davar jedoch von den politischen Gegebenheiten der Länder, die sie durchreisten, weitgehend unberührt.

Seinen Weg durch die Vereinigten Staaten behandelt Gustav Sztavjanik in seinen Artikeln und Vorträgen nur sehr kursorisch, obwohl er 1929 den Schwarzen Freitag, den Zusammenbruch der New Yorker

Auch US-Präsident Herbert Hoover konnte der wirtschaftlichen Schwierigkeiten nicht Herr werden: Seine eigenhändige Unterschrift in Sztavjaniks Erinnerungsbuch

Börse, hautnah miterlebt haben muß. Das Land war danach schwer von den Folgen der Wirtschaftskrise gezeichnet. Im bis dahin prosperierenden Amerika sanken die Industrieproduktion, das Sozialprodukt und damit der Lebensstandard der Bevölkerung, während die Arbeitslosenzahlen auch hier sprunghaft auf bis zu 15 Millionen anstiegen. Soziale Konflikte, Kriminalität, Prohibition und Einwanderungsbeschränkungen waren die unausweichlichen Folgen, die auch Präsident Herbert Hoover nicht in den Griff bekam.

In Ostasien gerieten Sztavjanik und Davar mitten in die Unruhen des chinesisch-japanischen Konflikts, der 1931 zur Besetzung der Mandschurei durch Japan führte. Auch von den teils blutig verlaufenden Versuchen zur Einigung Chinas, die Tschiang Kai-schek nach dem Tod seines Schwiegervaters Sun Yat-sen ab 1926 unternahm, waren die beiden Weltreisenden betroffen: Da ihnen Peking verschlossen blieb, reisten sie entlang der chinesischen Südküste über die Territorien des heutigen Vietnam, Laos, Thailand und Burma nach Indien.

Diese einstige britische Kolonie wurde bis 1931 von einem britischen

CYCLING ROUND THE WORLD

Tourists Visit Allahabad

ALLAHABAD, *Feb.* 13.

Messrs. F. J. Davar, of Bombay and Sztavjanik of Vienna who are on a world tour on bicycles have been spending some days at Allahabad. They have been busy seeing the Indian celebrities gathered at Allahabad and obtaining their autographs. Mahatma Gandhi among others, whom they interviewed, took a great deal of interest in their enterprise. They intend leaving Allahabad for Lucknow on Sunday.

Erinnerung an den Besuch bei Indiens Freiheitsheld Mahatma Gandhi

Vizekönig regiert. Allerdings hatte Mahatma Gandhi als Führer der indischen Unabhängigkeitsbewegung schon ab 1920 mit seiner Kampagne des „Zivilen Ungehorsams" den Kampf gegen die britische Herrschaft begonnen. Seine Fasten-Aktionen waren sowohl als moralische Demonstration gegen die politisch-religiösen Konflikte zwischen Hindus und Moslems als auch als Protest gegen die unnachgiebige Haltung der Briten gerichtet. Erst nach dem Zweiten Weltkrieg sollten seine Bemühungen zum Erfolg der indischen Unabhängigkeit führen – allerdings um den Preis der Teilung des Landes, der Trennung von Pakistan.

Als Gustav Sztavjanik im Oktober 1931 nach Österreich zurückkehrte, hatte sich die Situation gegenüber der Zeit seiner Abreise kaum verbessert. Zu Jahresende wurden 302.000 „unterstützte" und 98.000 „ausgesteuerte" Arbeitslose verzeichnet, in den folgenden Jahren stiegen die Zahlen noch weiter an. Das finanzielle Gleichgewicht des Staates war infolge der Weltwirtschaftskrise von 1929 kaum stabiler als 1924, die politische Situation gespannter denn je.

Der Wille zur parlamentarischen Demokratie war längst ins Wanken geraten. 1931/32 fanden die letzten demokratischen Wahlen statt, und nach dem Rücktritt aller drei Nationalratspräsidenten schaltete sich das Parlament 1933 selbst aus. Nach dem blutig niedergeschlagenen Aufstand des Republikanischen Schutzbundes schien für Österreich, das bereits von mehreren autoritär regierten Staaten umgeben war, der unter Engelbert Dollfuß am 1. Mai 1934 offiziell proklamierte autoritäre Ständestaat die einzige Lösung. Die Machtübernahme Hitlers in Deutschland hatte ab 1933 in Österreich trotz Verbots der NSDAP zu einer nationalsozialistischen Terrorwelle geführt. Der Putschversuch vom Juli 1934 mißlang zwar, doch Dollfuß erlag kurz darauf den Folgen des Attentats gegen ihn und wurde von Kurt Schuschnigg als Bundeskanzler abgelöst. „Der Staat, den keiner wollte" war nicht mehr zu retten, der Anschluß an Hitler-Deutschland wurde 1938 ohne nennenswerten Widerstand, sogar unter dem Jubel des Großteils der Bevölkerung vollzogen.

Über Gustav Sztavjaniks politische Haltung ist nichts bekannt. Seine Mitgliedschaft in „roten" Vereinen bedeutet nicht viel. Und daß er viele seiner Vorträge in sozialdemokratischen Bildungseinrichtungen hielt, hat damit zu tun, daß die Arbeiterbewegung diesbezüglich eine Vorreiterrolle spielte. In seinen Vorträgen und Artikeln beschreibt Sztavjanik

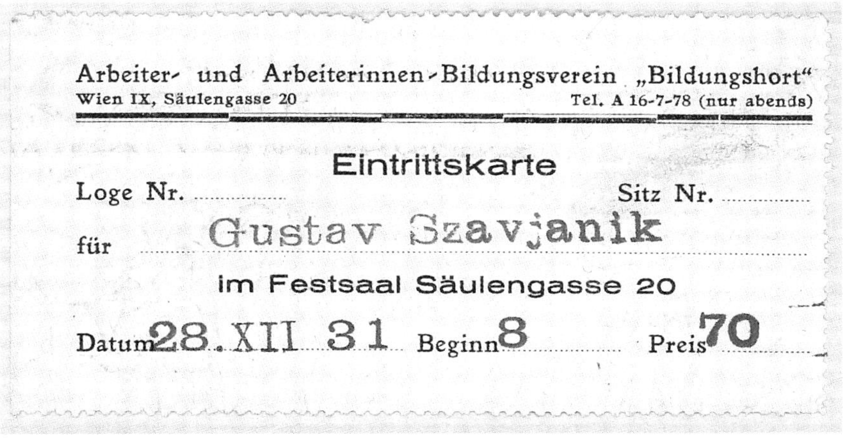

Arbeiter- und Arbeiterinnen-Bildungsverein „Bildungshort"
Wien IX, Säulengasse 20 Tel. A 16-7-78 (nur abends)

Eintrittskarte

Loge Nr. .... Sitz Nr. ....

für Gustav Szavjanik

im Festsaal Säulengasse 20

Datum 28. XII 31 Beginn 8 Preis 70

Mit Vorträgen aktiv war Gustav Sztavjanik vor allem bei sozialdemokratischen Arbeiter-Bildungsvereinen, doch muß dies nicht auf politisch engagiertes Denken hindeuten, da es wenig andere Aktivitäten auf dem Sektor der Erwachsenenbildung gab.

eingehend Landschaften und Menschen, Abenteuer und Gefahren, nur selten kommentiert er aber politische, ökonomische oder soziale Situationen. Er nennt voll Stolz die Namen der Könige und Präsidenten, die ihn und seinen Reisebegleiter Davar empfangen haben, erlaubt sich aber niemals ein Urteil über deren Politik. Einzig im Manuskript zu einem Diavortrag – offenbar nach dem Anschluß verfaßt – finden sich einige positive Formulierungen über den „Führer" und das Deutsche Reich. Ihre Sonderstellung läßt vermuten, daß sie als Konzession an Zeit, Ort oder Umstände einer bestimmten Veranstaltung eingeflochten wurden.

Südamerika: Zweimal über die Anden

Den dritten Kontinent, Amerika, betraten wir in Rio de Janeiro, von wo wir Südamerika in ost-westlicher Richtung durchfuhren. Wie Ihnen bekannt ist, stellt der Hafen von Rio ein Naturwunder der Welt dar. Der Anblick bei der Landung ist schon oft beschrieben worden, bietet aber für jeden Reisenden eine neue Offenbarung an Schönheit. Es war uns eine Freude, endlich nach der langen Wüstenreise und den afrikanischen Landschaften mit ihren mehr oder weniger primitiven Städten in ein großes, modernes Zentrum zu kommen und wieder Kultur genießen zu können. Die Bodenbeschaffenheit ist hier eine absolut andere als in Afrika, auch sie bot aber ihre Schwierigkeiten.

Während uns drüben Sand und schmale Felswege gequält hatten, war es hier nach Tropenregen der außerordentlich schlüpfrige Lehmboden, der uns am Weiterkommen hinderte, so daß wir oft trockenes Wetter abwarten mußten. Die Fahrt ging von Rio über San Paolo nach Monte Video, 2.000 Kilometer nach dem Süden. In San Paolo leben viele Italiener und Deutsche. Häufig kamen wir auch in kleinere, gepflegte deutsche Siedlungen, die uns ihre Grüße an die deutsche Heimat mitgaben.

Die Fahrt nach Monte Video dauerte zweieinhalb Monate – das scheint den Autobesitzern eine Schneckenfahrt –, aber sie hatte auch ihren Vorteil, denn man lernt das Land, seine Leute, die Sitten und Gebräuche auf so einer langsameren Fahrt, bei der man, wie wir, auf die Gastfreundschaft der Einwohner jener Gebiete angewiesen ist, viel besser und näher kennen.

Monte Video, die Hauptstadt Uruguays, am nördlichen Ufer des La Plata gelegen, ist eine schöne Stadt, wenn auch nicht von gleicher Größe wie Rio. Der große Silberstrom, der die Grenze zwischen Uruguay und Argentinien bildet, ist hier so breit, daß die Überfahrt nach Buenos Aires zwölf Stunden mit dem Dampfer beansprucht. Wir nahmen aber den Landweg und kreuzten weiter westlich den Fluß Parana in einem Kanu, was nur wenige Stunden dauerte. Wir wollten doch so

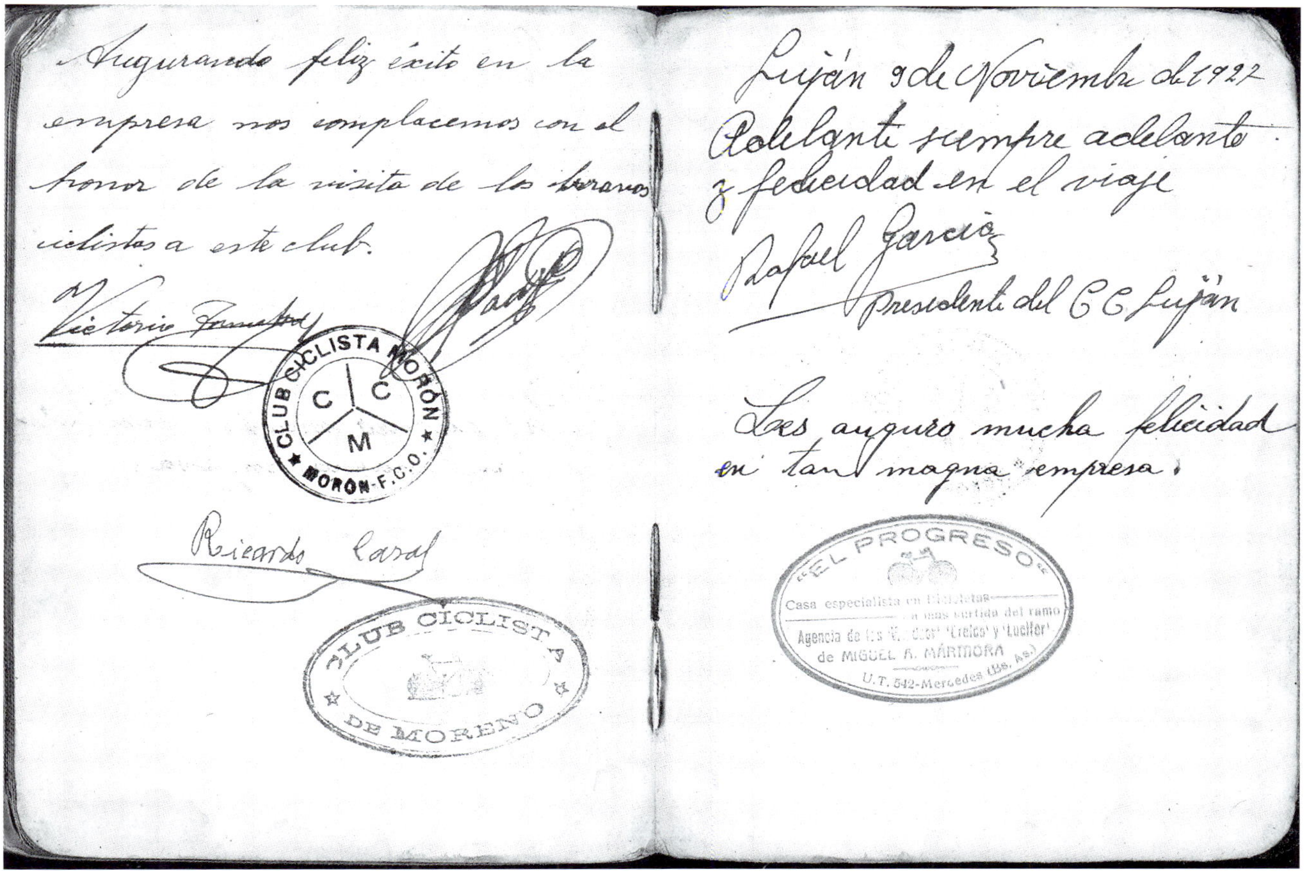
Augurando feliz éxito en la empresa nos complacemos con el honor de la visita de los bravos ciclistas a este club.

Victorio

CLUB CICLISTA MORON
C C M
MORON-F.C.O.

Ricardo Carol

CLUB CICLISTA DE MORENO

Luján 9 de Noviembre de 1922
Adelante siempre adelante y felicidad en el viaje
Rafael García
Presidente del C C Luján

Les auguro mucha felicidad en tan magna empresa.

"EL PROGRESO"
U.T. 542-Mercedes (Bs. As.)

Zu Gast bei südamerikanischen Radfahrer-Vereinen (Doppelseite aus dem Erinnerungsbuch)

wenig als möglich andere Fahrgelegenheiten benützen als unsere treuen „Radeln". Dieser Umweg dauerte ungefähr eine Woche – bei einer siebenjährigen Reise spielt das gar keine Rolle!

Am anderen Ufer des Parana fuhren wir dann ostwärts nach Buenos Aires, der herrlichen Hauptstadt Argentiniens. Natürlich nahm diese Reise wieder Wochen in Anspruch. Wir fanden überall bei Pflanzern auf ihren Haziendas Unterkunft, Hauptnahrung waren Fleisch und Kaffee, Bohnen und Reis, fast immer waren wir Gäste und boten als Gegengabe gerne gehörte Schilderungen unserer Reise.

Buenos Aires am südlichen Ufer des La Plata ist ebenfalls eine moderne große Stadt mit vielen Prachtgebäuden und Gärten, aber es hielt uns hier nicht lange; die Anden, jenes riesenhafte Gebirge, welches das Rückgrat des südamerikanischen Kontinents bildet, lockten uns immer mächtiger an, und so trafen wir hier unsere Vorbereitungen für die

Überquerung des südamerikanischen Kontinents. Die braven Fahrräder, unsere treuen Weggefährten, wurden hier einer gründlichen Reparatur unterzogen.

Im Oktober 1927 starteten wir von Buenos Aires, das heißt mitten im amerikanischen Frühling. Unser erstes Ziel war Mendoza, eine Stadt am Fuße der Anden. Die Straßen sind dort fürchterlich. Der Sand ist unangenehm, besonders für den Radfahrer und das Rad. Wir mußten auf dieser dreiwöchigen Fahrt genug Staub schlucken, aber das verdroß uns nicht. Wir durchfuhren auf dem wochenlangen Wege durch die argentinische Pampas viele Städte. Anfangs Dezember erreichten wir Mendoza. Von dort begann die Reise über die mächtigen Kordilleren oder Anden.

Diese bis zu 7000 Meter Höhe ansteigende Bergkette nimmt die ganze Westseite Südamerikas ein, sie reicht vom nördlichsten Punkt Kolumbiens, die ganze Küste entlang bis an das südliche Ende des Staates Chile. In Mendoza am Fuße der Kordilleren rüsteten wir uns für die bevorstehende harte Arbeit, sobald wir mit dem nötigen Proviant und warmer Kleidung versorgt waren, begannen wir mit dem Aufstieg, der uns aber durch das Mitschleppen der Fahrräder außerordentlich erschwert wurde.

Als wir von hier aus weiterfuhren, machten wir eine unangenehme Erfahrung: Wir irrten vom Weg ab und verloren auf diese Art mehrere Tage Zeit und mußten großen Hunger und Durst leiden, denn diese Gegend ist recht unwirtlich und öde. So beschlossen wir denn, uns an den einzigen großen Wegweiser jener Region – an die Eisenbahnstrecke zu halten, die in kühnen Serpentinen aufwärts steigt und durch die vielen Tunnels elektrisch geführt wird.

Auf diesem Reisestück hätte die abenteuerliche Weltfahrt bald ein unfreiwilliges, klägliches Ende gefunden. Wir waren bereits bis zu einer Höhe von 4000 Metern gestiegen, als man uns in einem kleinen Gebirgsdorf nahe der Bahn den guten Rat gab, zur bequemen Verkürzung unseres Weges einfach einen Tunnel zu benützen. Es sei gerade günstig, kein Zug passiere die Strecke in absehbarer Zeit.

Wir waren natürlich sehr erfreut über diese Anregung, entzündeten unsere Radlampen und fuhren zwischen den Geleisen in den Tunnel hinein. Wir mochten ungefähr die Mitte dieser unterirdischen Strecke hinter uns gehabt haben, als ich plötzlich den leisen, brummenden

Lärm eines fahrenden Zuges zu hören glaubte. Auch mein Begleiter nahm dieses Geräusch wahr, das immer mehr zu einem Poltern anwuchs. So stiegen wir erschrocken ab und horchten einen Augenblick lang. Vor uns tauchte ein rötliches, winzig kleines Licht auf, und gleichzeitig wurde der Lärm immer stärker und dröhnender. Da war kein Zweifel mehr, ein Zug kam uns mitten im Tunnel entgegen! Davar sprang mit seinem Fahrrad zur linken Seite des Geleises, während ich einer momentanen Eingebung zufolge ebenso zur Seite schnellte.

Ich war aber nach rechts gesprungen, hatte jedoch keine Zeit mehr, meine Stellung zu wechseln, um mit meinem Freund an der gleichen Tunnelwand zu stehen, denn die zischende Lokomotive war uns nicht mehr allzu ferne. Einen Augenblick später brauste der beleuchtete Zug an mir in rasender Eile vorüber. Wird sich Davar weit genug an die Felswand drücken, wird ihn kein vorstehendes Trittbrett mit sich

Die Nachricht von den radfahrenden Andenüberquerern war vorausgeeilt: In Chile waren Sztavjanik und Davar überall umjubelte Gäste.

reißen? So waren in diesem Augenblicke meine Gedanken, da ich meinen Körper wie gelähmt starr an die kalten Steine der Tunnelmauer preßte.

Als die furchtbaren Sekunden vorbei waren und das rote Schlußlicht des Zuges an mir vorübergehuscht war, lag auf der anderen Seite des Geleises schwarze Finsternis, dort, wo ich die Radlaterne meines Freundes leuchten zu sehen hoffte. Ich schrie, so laut ich konnte, Davars Namen durch das Donnern, mit dem der abfahrende Zug noch immer den ganzen Tunnel erfüllte, und ließ das Licht meiner Lampe zu jener gegenüberliegenden Stelle fallen. Und mit einem Freudenschrei bemerkte ich meinen Begleiter unversehrt an der Wand stehen. Als er das Rad beiseite gerissen hatte, war die Laterne verlöscht, weiter war nichts geschehen. Von diesem Augenblick an gelobten wir uns, niemand mehr Glauben zu schenken, und wenn der Rat noch so einfach und aussichtsreich aussehen würde.

Wir erreichten dann ohne weiteren Zwischenfall die höchste Bahnstation der Anden auf dem Wege nach Santiago, Las Cuervas. Dieser Ort liegt 14.000 Fuß hoch, das ist die Höhe des Montblanc. Von hier ging es dann weiter abwärts nach Los Andes, einer kleinen Stadt von 20.000 Einwohnern, wo wir rasteten und den Gouverneur besuchten, der uns einen Gratulationsbrief für unsere Leistungen überreichte. Wir waren die ersten, die die Anden mit dem Rad überquert hatten. Er lud uns ein, als seine Gäste in einem kleinen Schweizerhotel zu wohnen, und ich war glücklich, mit dem Wirt wieder einmal in meiner Muttersprache sprechen zu können.

Nun ging die Straße stets bergab, bis wir nach einigen Tagen in der chilenischen Hauptstadt Santiago de Chile eintrafen, deren Namen wir oft in Verbindung mit dem großen Erdbeben in der Zeitung gehört haben. Hier wurden wir von den Radfahrern der Stadt feierlich empfangen, da sie schon durch Telegramme von unserer Ankunft verständigt worden waren. Die Radfahrervereine und andere sportliche Körperschaften wetteiferten in festlichen Empfängen und Veranstaltungen zu unseren Ehren. Wir erhielten von der Stadt ein Ehrendiplom für die wagemutige Gebirgsüberquerung und wurden aufgefordert, bei dem bald darauf stattfindenden 24-Stundenrennen mitzukonkurrieren.

Ich trainierte durch mehrere Tage, wozu mir ein gutes Rad zur Verfügung gestellt wurde, und erwartete freudig den Tag, da ich als Öster-

Bei einer Veranstaltung im „Velodromo Nacional“ in Santiago de Chile

Gustav Sztavjanik bei der herausragendsten Leistung seiner – eher zufälligen – Karriere als Radrennsportler: Szenen vom 24-Stunden-Rennen am 24. 12. 1927 in Santiago de Chile, bei dem er – auf geliehenem Rennrad – zusammen mit einem chilenischen Rennpartner einen Südamerika-Rekord aufstellte.

reicher mit den international ziemlich bedeutenden Rennfahrern in Konkurrenz treten konnte. Als der Tag gekommen war und die ganze Bevölkerung in fieberhafter Erregung zum Startplatz strömte, zog ich freudig die in den Farben Österreichs gehaltene Sportdreß an, setzte mich auf das Rad und dann gings los. Ich hatte eine bestimmte Taktik eingeschlagen, blieb anfangs zurück, und kein Mensch beachtete den „Mann aus Austria". Aber mein Plan war sehr gut, ich holte später auf, und das Ergebnis war, daß ich mit meinem Rennpartner für Südamerika einen Rekord im 24-Stundenfahren mit 702 Kilometer 666

BIANCHI

BIANCHI

Abschied von Chile

Meter aufstellen konnte. Diese Leistung wurde mit Staunen überall publiziert, ich wurde durch ein paar Tage festlich gefeiert und erhielt ein prächtiges Diplom, und die gastfreundlichen Bewohner von Santiago stritten sich fast um die Ehre, uns bewirten zu dürfen.

Santiago de Chile ist landschaftlich hervorragend, mit vielen Anlagen und Gärten. Sechs schöne Brücken überqueren den Machopofluß. Wir wurden vom Präsidenten Carlos Ibanez empfangen, der uns eine Widmung für das Reisebuch gab. Weihnachten feierten wir nach spanischer Sitte in Santiago mit dessen gastfreundlichen Bewohnern. Die Chilenen sind ein freundliches, entgegenkommendes Volk, sie waren uns in jeder Weise behilflich. Der Radfahrsport steht in hohem Ansehen. Es sind viele Deutsche dort angesiedelt, mit denen wir häufig in ihren Vereinen zusammenkamen. Wir hatten unterdessen auch Spanisch gelernt und konnten uns nun schon in der Landessprache ganz gut mit den schönen Chileninnen unterhalten.

Doch bald mußten wir weiterradeln. Wir zogen nun nordwärts nach Bolivien, um von hier neuerlich die mächtige Kordillerenkette zum zweitenmal in Angriff zu nehmen. Aber hier mußten wir bedeutend höher hinauf, die Gipfel wiesen alle eine Höhe von 5000 bis 6000 Metern auf, daher waren auch die Vorbereitungen zur Reise um vieles schwieriger.

Von Santiago fuhren wir zunächst wieder längst der Küste des Meeres – diesmal war es der Stille Ozean. Die Straßen, denen wir folgten, ließen die Erinnerungen an Afrika wieder aufleben. Sie waren sandig, und wir mußten wieder die Räder fleißig schieben. Im Februar erreichten wir Arica, eine kleine, schön gelegene Stadt, von hier wandten wir uns landeinwärts ins Gebirge, Richtung war La Paz, die Hauptstadt Boliviens.

Wieder waren – wie ehemals in der Sahara – Tragtiere notwendig, um die Lebensmittelvorräte und sonstigen Ausrüstungsgegenstände fortschaffen zu helfen. Das hiefür am besten geeignete Tier ist das Lama, das mit großer Ausdauer die Strapazen einer solchen Reise auszuhalten imstande ist und auch die dünne Luft in diesen Höhen ganz gut vertragen kann, während Maultier und Kamel hier nicht mehr dem Menschen dienen können. So manche Tagesreise lag schon hinter uns. So mancher erhabene Bergrücken war mühsam erklettert worden, und an vielen der herrlichen Hochgebirgsseen war unser Weg vorübergelaufen. Endlich erreichten wir mit unserer kleinen Karawane die Höhe von La Paz. Kahl waren bis dorthin die wüstenhaften Berghänge und Kare, aber mit einem Male tauchten grüne Flächen auf, ein tief eingesunkenes Tal weitete sich zwischen starren Wänden, und eine Stadt lag vor unseren erstaunten Augen.

Es war die Hauptstadt Boliviens, die sich in dieser toten Umgebung in 3694 Meter Höhe höchst eigenartig ausnimmt. La Paz besitzt eine Universität aus der spanischen Kolonialzeit, ist Sitz eines Erzbischofs und der ausländischen Gesandtschaften. Bergbau ist der Haupterwerbszweig Boliviens. Alles gab es hier heroben, aber sobald wir wieder aus ihrem Bereiche gekommen waren, umgab uns neuerdings die arme trostlose Einsamkeit des bolivianischen Felsenlandes.

Die Ureinwohner des Landes sind die Aymaras. Wir sahen diese

Indianer auf unserem weiteren Wege von La Paz nach dem Titicacasee, der übrigens den Wienern ja aus einem Kaffeehausschlager bekannt wurde. Diese Pracht landschaftlicher Schönheit ist gar nicht zu schildern. Die Westküste Südamerikas bildet bekanntlich der mächtige Gebirgszug der Kordilleren oder Anden. Die Gipfel dieser Bergketten weisen alle eine Höhe von beinahe 7000 Metern auf, fallen jedoch ziemlich steil gegen die Ebene ab. Eingebettet zwischen diesen Felsriesen liegt nun der Titicacasee, der zur Hälfte nach Peru, zur Hälfte nach Bolivien gehört. Ein Bild von unbeschreiblicher Größe war es, an den Ufern dieses Wundergewässers zu stehen und zu dem 6600 Meter hohen steinernen Thron des Illampu oder Sorata empor zu schauen.

Jetzt fährt ein Dampfer über diesen See, der seinerzeit, ehe noch eine Eisenbahn hinführte, mühselig auf dem Rücken eingeborener Lastenträger in viele Stücke zerlegt hinaufgeschafft werden mußte, wohl ein einzigartiges Verkehrsproblem. Längs der Küste radelte ich mit meinem Begleiter nach Peru hinüber, wo wir erst in Juliaca wieder ein wenig Ruhe und Rast für uns und unsere Räder fanden. Ich will bemerken, daß ich die ganze Tour mit einem Puchrad und zum großen Teil mit Semperitreifen zurückgelegt habe.

In dieser Stadt erwartete uns abermals eine Überraschung, wie wir sie bis zu diesem Tage noch nicht erlebt hatten. Um die Mittagszeit stärkten wir uns in einer der dort üblichen Gaststätten, als mit einem Male der Stuhl, auf dem ich mich niedergelassen hatte, zu rutschen begann. Das Glas, das ich eben zum Munde führen wollte, entglitt meiner Hand, und ein Knacken und Rieseln ging über die zersprungenen Wände der Gaststube. Erdbeben! Wir liefen ängstlich zur Türe und ins Freie, aber die Eingeborenen von Juliaca meinten nur so nebenbei: „Das ist nicht so etwas Besonderes; ein kleines Erdbeben, weiter nichts!“

Sie sagten dies ganz gelassen und ohne Aufregung, denn die Naturerscheinung eines Erdbebens ist in Peru so häufig, daß man kaum mehr darauf achtet; man geht einfach aus dem Haus und wartet, bis sich die Erde wieder beruhigt hat. Später sollten wir deren noch mehrere erleben. Wir sahen Felsblöcke von der Höhe eines ersten und zweiten Stockwerkes herabstürzen und die kleinen Häuschen der Ortschaft, in der wir uns befanden, zermalmen. Flüsse änderten ihren Lauf und strömten brausend durch die Dorfstraße – es war schaurig und überwältigend.

Rast in einem Andendorf

Über schlechte, gebirgige Straßen kamen wir von hier nach Cuzco, der alten peruanischen Hauptstadt des Inkareiches, dessen Entdeckung durch die Spanier unter Pizarro 1533 zur Eroberung des Landes führte. Jesuiten erbauten die Kathedrale, errichteten 1692 eine Universität und Bibliothek. In Cuzco besichtigten wir die weltberühmten Überreste der Inkastadt. Hier sieht man die Ruinen des Sonnentempels außerhalb der Stadt, in welchem die Inkas schon in grauer Vorzeit die Sonne anbeteten und welchen die Spanier später etwas veränderten. Dieser Tempel besteht aus kunstvoll konisch zusammengefügten Felsblöcken, die alle Architekten in Staunen versetzen, da man sich nicht erklären kann, welche technischen Mittel hiezu verwendet wurden. Man muß staunen,

Oben und rechte Seite:
Bei den Inka-Ruinen von Cuzco (Peru)

wie Menschen ohne Kenntnis unserer technischen Hilfsmittel solche Leistungen hervorbringen konnten. Die Ureinwohner von Peru, die Inkas, sind heute fast ausgestorben.

Wir kamen von Cuzco nach Ayaviri, wo kurz vorher ein starkes Erdbeben gewütet hatte. Die Regierung sorgt in solchen Fällen in umfassender Weise für die Opfer der Katastrophe, in den Staatsfinanzen sind stets bedeutende Summen für Erdbebenhilfe eingestellt. Von hier schlugen wir den Weg nach der Hauptstadt von Peru, nach Lima ein und passierten unterwegs die höchste Eisenbahnstation der Welt, Ticlio, die 15.000 Fuß, das sind ungefähr 5000 Meter, hoch gelegen ist. Von Ticlio nach Lima brauchten wir ungefähr drei Wochen, da wir bei dem schwierigen gebirgigen Terrain oft nur 15 bis 20 Kilometer im Tage fahren konnten.

Der ganze Weg bis Lima war landschaftlich wunderschön, mächtige Berge ragten um uns empor. Lima, die Hauptstadt von Peru, wurde von Pizarro gegründet, sie liegt mit ihrem Hafen Callao an der Küste des Stillen Ozeans, des mächtigen Pazifik, und stellt eine moderne Anlage dar. In Lima blieben wir zwei, drei Wochen, und ich gewann dort die

Meisterschaft von Peru im Radfahren, um nicht ganz aus der Übung zu kommen! Lima, so wie die anderen südamerikanischen Städte, zeigt noch viele Spuren altspanischer Kultur. Ihre Kirchen, Klöster und manche Paläste stammen noch aus dem 17. Jahrhundert.

In Lima, wie überall, machten wir dem Präsidenten der Republik unsere Aufwartung. Von unserer bisherigen Reise unterrichtet, fragte er uns, was er für uns tun könnte, und so teilten wir ihm unseren großen Plan mit und baten ihn, uns auf der Reise in das Amazonengebiet, deren Ausgangspunkt ja noch in Peru liegt, den Weg zu ebnen. Er sagte dies auch freundlichst zu, aber mit dem Vorbehalt, daß er uns seinen Schutz nur auf peruanischem Gebiet angedeihen lassen könne, und warnte uns, daß wir im Oberlauf des Amazonenstromes, der Maranon genannt wird, in ein sogenanntes Niemandsland kommen würden, wo wir nur auf unsere eigene Kraft angewiesen sein würden.

Auf der Landkarte von Südamerika nämlich sieht es ganz anders aus, als es in Wirklichkeit ist. Im Atlas sind die verschiedenen Staaten – fein säuberlich abgegrenzt – blau, rosa und gelb eingezeichnet, aber in Wirklichkeit herrschen dort nicht Grenzen bestimmende Staatsoberhäupter, sondern die prächtige, aber auch wilde und ungezügelte Natur und die Ureinwohner der noch nicht ganz erforschten Gebiete, die nichts davon ahnen, wem sie politisch angehören und daß sie im europäischen Atlas schön abgezirkelt in rosa und blauen Ländern wohnen!

Von Lima machten wir aber noch eine zweimonatige Fahrt nach Payta, dem nördlichsten Hafen von Peru. Dort rüsteten wir uns für die bevorstehende, abenteuerlichste Strecke unserer Reise aus. Unser Traum schien endlich der Verwirklichung nahe, und so wollten wir es um jeden Preis wagen, in dieses wenig bekannte Gebiet, in welchem schon mancher Forscher verschwunden war, wo wilde Stämme wie zum Beispiel die Kopfjäger hausten und wilde Tiere lebten, einzudringen. Ja selbst Gerüchte über Kannibalen schreckten uns nicht ab. So zogen wir denn im Spätherbst 1928 endlich los, unserem größten Abenteuer entgegen.

Der Präsident hatte Wort gehalten. Er gab uns Führer und Maultiere sowie „Bore guns" (Gewehre) und reichlich Munition mit und erteilte den kleinen Militärstationen, die wir passierten, Weisung, uns gastlich beizustehen, was diese auch getreulich taten. Aber als wir an die peruanische Grenze kamen, lief ein Auftrag des Präsidenten ein, daß er uns doch noch einmal warnte, die nun allein zurückzulegende Reise ins wirkliche Urwaldgebiet zu unternehmen. Als wir dennoch nicht umkehren wollten, mußten wir ein Dokument unterschreiben, daß wir das Wagnis auf eigene Verantwortung zu Ende führen wollten. So begann also die gefahrvolle Reise durch das Amazonengebiet.

Südamerika: Den Amazonas abwärts

Unsere Reise durch das Gebiet des Amazonenstromes war die erste, die je von Küste zu Küste quer durch Südamerika in diesen Breitengraden gemacht wurde, welche an Gefahren und Eindrücken aller Art reich ist. Die Fahrt vom Pazifik zum Atlantik beanspruchte ungefähr neun Monate. Wir nächtigten in Hängematten oder Hütten bei Eingeborenen und nährten uns anfangs von mitgebrachtem Proviant und Fleischkonserven, später aber sogar von selbsterlegtem Affenfleisch und Riesenbananen, welche letztere eine Länge von zwei Fuß erreichen und die man kochen muß, um sie genießen zu können.

Zu Beginn der Durchquerung hatten wir einen indianischen Führer und auch Maultiere zum Tragen des Proviants und der Munition. Später waren wir auf uns allein angewiesen und folgten im Großen und Ganzen dem Strome als mächtigem Wegweiser und unserem Kompaß. Vorausschicken möchte ich, daß wir zunächst längs der Grenze von Ecuador dem Maranon entlangfuhren, dem Mutterfluß des Amazonenstromes, diesen dann überquerten und den Ucayali, einen Nebenfluß des Maranon, entlang uns hielten, bis wir an der Grenze von Peru und

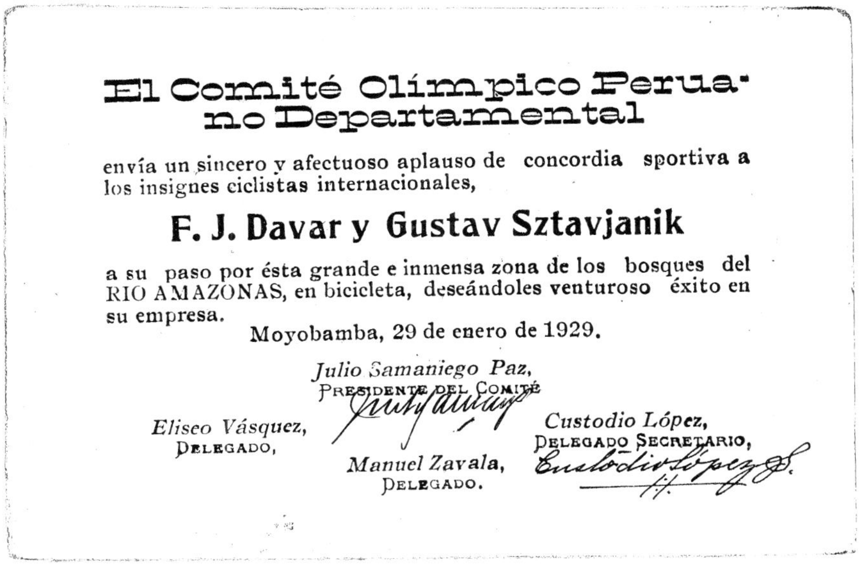

El Comité Olímpico Peruano Departamental

envía un sincero y afectuoso aplauso de concordia sportiva a los insignes ciclistas internacionales,

F. J. Davar y Gustav Sztavjanik

a su paso por ésta grande e inmensa zona de los bosques del RIO AMAZONAS, en bicicleta, deseándoles venturoso éxito en su empresa.

Moyobamba, 29 de enero de 1929.

Julio Samaniego Paz,
Presidente del Comité

Eliseo Vásquez,
Delegado,

Manuel Zavala,
Delegado.

Custodio López,
Delegado Secretario,

Mit dem Segen des Olympischen Komitees von Peru geht's ins Amazonasgebiet

Brasilien endlich den Teil des großen Stromes erreichten, der den weltbekannten Namen Amazonas führt.

Am Oberlauf des Amazonas, dem Maranon, angelangt, sahen wir, daß eine Radfahrt unmöglich war, denn keinerlei Wege bahnten sich durch den Urwald. So bauten wir uns aus Korkbaumstämmen, die wir mit den Machetas, den langen Messern, die man uns gegeben hatte, zurechtschnitten, ein Floß. Die Stämme waren, wie ihr Name andeutet, leicht zu tragen, und mit den üppigen Lianen, die wir an Ort und Stelle fanden, banden wir sie zusammen, ungefähr 18 bis 25 solcher Stämme genügten für unser Floß. Wir banden unsere Räder und unser Gepäck fest, und wenn es zu Wasserfällen kam, auch uns selbst, und so begann die Wasserreise, erst nordwärts bis der Maranon sich ostwärts wendet und so, in den Amazonas übergehend, fast den ganzen oberen südamerikanischen Kontinent durchquert.

Wir passierten auf diesem ersten Teil der Fahrt drei große Wasserfälle mit diesem primitiven Floß. Der größte dieser Fälle, Pongo di Manseriche genannt, ist 15 Meter hoch – keine Kleinigkeit. Als wir ihn hinabgeschossen waren, tauchte uns die Wucht des Wassers dreimal fast auf den Grund, jedesmal rissen wir uns wieder empor. Wir glaubten schon, unsere letzte Stunde sei gekommen, als endlich eine Stromschnelle uns rettend davontrug. Die Reise am Maranon dauerte einige Wochen. Am Abend machten wir das Floß fest und gingen auf die Affenjagd, schossen auch manchen Urwaldvogel, um etwas Abwechslung in die Kost zu bringen, denn das Affenfleisch schmeckt etwas süßlich, und wenn man noch so hungrig ist, wird das auf die Dauer fad. Der Makao ward also unser Urwaldbackhendel. Menschen sahen wir selten, und wenn, so natürlich nur eingeborene Indianer. Wir konnten uns zwar nicht mit ihnen verständigen, aber sie waren rührend gastfreundlich, teilten gern das Wenige, was sie besaßen, und stellten uns sogar ihre Schlafstätten, die Hängematten, zur Verfügung, die sie so geschickt aufzuhängen verstehen, daß weder gefährliche Tiere von unten noch Schlangen von oberhalb sie verletzen können.

Überhaupt kamen wir auf dieser weiten weltentlegenen Fahrt zur Überzeugung, daß auch die sogenannten „Wilden“, wenn man ihnen nichts tut und ihnen keinen Schrecken einjagt, gute Menschen sind, deren Nächstenliebe manchen Europäer beschämen könnte. Je weiter wir vordrangen, desto primitiver wurde der Menschenschlag. Wir wa-

Nicht immer ist es möglich, die Räder zu benützen.

ren mit kleinen, dem Stande dieser Menschen angepaßten Geschenken wie Glasperlen, Spiegeln, Zwirn und Nadeln versehen, die Indianer erwiesen sich als sehr erfreut, sie traten uns überall freundlich gegenüber, da auch wir sie freundlich behandelten. Mehr und mehr entfernten wir uns von jeder Zivilisation.

Die Eingeborenen, die wir trafen, waren immer gerne bereit, uns streckenweise als Führer zu dienen. Zeit schien für sie, ebenso wie für die Neger von Afrika, ein dehnbarer Begriff, und sie geleiteten uns oft ganze Tagereisen weit gegen den ganz geringen Lohn, den wir ihnen geben konnten. Nie tat uns irgend jemand etwas zuleide; allerdings führten wir keine Schätze mit, und was für uns den größten Wert hatte, so wie zum Beispiel der Kompaß, dafür hatten die Urwaldbewohner kein Verständnis, und das war ein Glück für uns. So kamen wir denn gut vorwärts. Unsere täglichen Jagdstreifzüge trugen uns mehrmals einen Jaguar als Beute ein sowie einige der Riesenschlangen. Wir bestaunten auch die herrlichen, in allen Farben schillernden Schmetterlinge, die oft eine Flügelspannweite von 30 Zentimetern erreichten. Leider konnten wir keine mitnehmen, da es uns an jedwedem Conservierungsmaterial fehlte und ein bloßes Töten der bunten Flattertiere uns wie ein Mord vorgekommen wäre.

Von Iquitos an ist der Amazonenstrom schiffbar. Von Para, dem Mündungshafen aus, kommen die Dampfer bis hieher gefahren, aber obwohl sich da bequeme Reisegelegenheit bot, zogen wir es vor, den Landweg zu gehen, und begaben uns, um die Distanz abzukürzen, mit unseren Rädern etwas landeinwärts, kamen dann wieder an das Ufer des Stromes heraus und versuchten dort zu radeln, aber im tiefen Gras, das sich oft zu Sumpf wandelte, mußten wir immer wieder, die Räder und das Gepäck tragend, zu Fuß uns mühselig einen Weg bahnen.

Gustav Sztavjanik mit einer Schlange vom Amazonas

Tagelang ging es so durch die Tiefebene, die den nun sich träge daherwälzenden Wasserkoloß säumt, dem Hafen zu. Schwärme von Mosquitos umsurrten uns, und auch kilometerlange Züge von Ameisen bedrohten uns oft. Wenn solch ein Zug eine Hütte erreicht, ist sie in kürzester Zeit von dem hungrigen Insektenheer buchstäblich in Grund und Boden gefressen. Auch durch sumpfige Gegend kamen wir, wo wir bis zum Oberkörper oft im Morast versanken, aber trotzdem blieben wir unserem Entschluß treu, den Landweg einzuhalten und, wo immer möglich, das Rad zu benützen.

Alles Mögliche hatten wir versucht. Vergeblich aber war die Mühe, durch den Urwald Brasiliens hindurchzukommen. Wie einfach war es dagegen sogar in der Sahara gewesen; wir litten zwar in jenen Monaten unter undenkbaren Schwierigkeiten, wir hatten tagelang gedürstet und während der Sandstürme manche Stunden der äußersten Gefahr mitgemacht, aber wir hatten immer offenes Land, freie Wege vor uns.

Nun aber umgab uns der dichte, finstere Urwald, dessen unentwirrbares Geschlinge ein Vorwärtskommen beinahe unmöglich machte. Mein Freund Davar hatte immer geglaubt, unseren langen Messern könne kein Busch und kein Lianengewächs widerstehen, aber so scharf und so lang hätten unsere Messer gar nicht sein können, um mit ihnen einen Pfad für uns und unsere Fahrräder durch den Urwald schlagen zu können. Waren doch manchmal Baum und Busch so ineinander verfilzt, daß wir kaum die Sonne sehen konnten.

So beschlossen wir, von der Unmöglichkeit eines Durchkommens überzeugt, den mächtigen Amazonenstrom als Weg durch die Urwälder zu benützen. Dieser breite Strom teilt die Wälder mit seiner Ebene, die aber kilometerweit versumpft ist, weshalb der Aufenthalt in diesen Gegenden äußerst ungesund ist.

Solange wir noch längs des oberen Amazonas, der hier Maranon heißt, unsere Wege suchten, ging es zur Not noch, da wir an den Eingeborenen manche Helfer fanden. Aber als wir den Unterlauf des Stromes erreicht hatten, der von ungeheurer Breite und reißender Gewalt ist, da wurde es in vielen Fällen gefährlich, denn die halbwilden Indianer – wenn sie auch bewährte Floßschiffer waren – wagten doch nicht recht, uns fremde Reisende über die zahllosen Stromschnellen und Katarakte zu führen.

Wir standen bald ohne jede Hilfe da. Mit den Rädern war absolut nichts anzufangen, wir mußten sie vor uns herschieben, daher waren die täglichen Strecken, die wir zurücklegen konnten, sehr gering, und die Wanderung zog sich unter solch schwierigen Umständen bedeutend in die Länge. So versuchten wir uns selbst zu helfen. Wir schlugen mit unseren mitgeführten Äxten und Messern einige dünne Bäume und behauten sie mühevoll zu einer Art Balken, die wir nebeneinander legten. Als dreizehn solcher Stämme auf dem feuchten Ufer bereit lagen, zogen wir aus der Rinde eines Urwaldbaumes die festen, zähen Fasern und legten diese in das Wasser des Amazonas, um sie durchweichen zu lassen. Auf solche Art sehr dauerhafte Stricke zu verfertigen, hatten wir den Eingeborenen abgelernt, die wir ja oft bei ihrer Arbeit beobachtet hatten. Unsere Baumfasern waren nun geschmeidig und durchnäßt geworden, wir nahmen sie und flochten daraus eine dicke Schnur, mit der wir die behauenen Stämme zusammenbanden. Nun wurde das ganze, fast fertige Floß in der heißen Sonne des Äquators getrocknet, die Stricke zogen sich zusammen und preßten die Blöcke ungemein fest aneinander.

Das Fahrzeug für unsere gefährliche Wasserfahrt auf den Fluten des Amazonenstromes war somit startbereit. Da wir aber mit einer Reisedauer von Wochen, vielleicht sogar Monaten rechnen mußten, nahmen wir auf mancherlei Dinge Bedacht. Alles, was wir nicht täglich brauchten, wurde in unsere mitgeführten Gummisäcke getan, die wir auf dem Floß festbanden, damit sie nicht während der Fahrt abrutschen könnten oder von etwaigen Wellen fortgeschwemmt würden. Mein Freund Davar hatte noch einen Plan, den wir alsbald in die Tat umsetzten. Wir bauten einen Ofen auf unser einfaches Schiff. Mit ganz gewöhnlicher Lehmerde wurde er aufgeführt, er erwies sich als sehr nützlich und brauchbar, und unser Fahrzeug, das wir bald darauf mit ein wenig feierlicher Freude in die Fluten gleiten ließen, glich fast einem eigenartigen kleinen Dampfer, wenn der Ofen geheizt war und der blaue Rauch oben herausringelte. Aber es sollte keine Vergnügungsreise werden!

Einige von den eingeborenen Leuten konnten wir bewegen, uns eine Strecke weit als Ruderer und Führer zu dienen, denn sie waren sehr gewandte Schiffer und außerdem gute Jäger. Wir legten oft unser Floß an, wenn die Nahrungsmittel auszugehen drohten, und jagten im Umkreis unserer Landungsstelle nach allerlei Getier.

In dieser Gegend hatten wir auch Gelegenheit, die Bekanntschaft der berühmten Kopfjäger zu machen. Diese Kopfjäger, die den Stamm der Jivaros bilden, werden von Häuptlingen geleitet. Bemerkenswert ist die Kopfbedeckung, die mit Urwaldfedernschmuck geziert ist. Diese als ungemütlich geschilderten Leute waren nun unsere Gastgeber. Wir mußten wohl auf der Hut sein, denn giftige Pfeile sind die Waffen dieser wilden Urwaldbewohner, die außerdem heute noch vereinzelt der Sitte nachhängen, ihren Feinden den Kopf abzuschlagen. Solche Köpfe fanden wir auf manchen der primitiven Wohnstätten als äußeren Schmuck angebracht. Auf geheimnisvolle Art präpariert, sind diese Jagdtrophäen bis zur Größe eines Apfels zusammengeschrumpft, ohne aber merkwürdigerweise die Gesichtszüge des getöteten Feindes irgendwie zu verändern – ein grotesk-schauriger Anblick. Die so präparierten Köpfe bilden die Trophäensammlung eines Stammes. Das Verfahren selbst ist Geheimnis der Jivaros.

Mit diesen Leuten, deren Waffen Blasrohre nebst gefährlichen Giftpfeilen sind, kamen wir aber erstaunlich gut aus, denn wir erschienen ihnen mit unseren Fahrrädern, deren Anblick ihnen noch völlig fremd war, wie Wesen aus einer anderen Welt, die anzugreifen sie sich nicht getrauten. Hier geschah es uns einmal, daß wir als Nachtlager eine der üblichen Hütten angewiesen bekamen. Ich war müde genug und legte mich ohne weiteres schlafen, den Kopf auf etwas Weiches gebettet, das ich in der Dunkelheit nicht erkennen konnte, was es war. Am nächsten Morgen, als ich meines Freundes Hand ergreifen wollte, schien sie mir ganz kalt, ich rief ihn an, aber er antwortete von draußen herein. Nun merkte ich erst, daß ich die ganze Nacht zwischen drei toten Kopfjägern verbracht hatte, die bis zu ihrer Bestattung hier in diese Hütte gelegt worden waren.

Alles erdenkliche Getier begegnete uns auf dieser unvergeßlichen Reise: die vogelfressende Riesenspinne, der Kamfah-Fisch, der alles verzehrt, was in seinen Bereich kommt. Vampyrfledermäuse, deren Saugapparat so fein gegliedert ist, daß der schlafende Mensch den zum blutigen Trunk ansetzenden Biß nicht spürt, die Anakonda-Riesenschlange und der elektrische Aal. Wir versuchten einmal, einen solchen mit der Macheta entzwei zu schlagen, empfanden aber beim Kontakt des Stahles mit dem Fisch einen so heftigen elektrischen Schlag, daß wir beinahe umfielen.

Man leidet im Urwalde sehr unter den vielen Insekten, die dazu beitragen, die unheimlichen Nächte im Urwald noch schrecklicher zu machen. Die Stiche der Insekten haben oft ganze Expeditionen getötet. Besonders zu fürchten sind die giftigen Ameisen und Motten. Die Chichara Manchaca-Motte ist eines der giftigsten Urwaldinsekten. Sie ist blind, aber ihr Stachel, den sie am Unterleib trägt, findet trotzdem den Angriffspunkt und wirkt absolut tödlich. In diesen Himmelsstrichen schützt man sich, so gut man kann, durch Netze. Interessant sind die Züge der großen Ameisen, die von ihren drei bis vier Meter hohen Burgen wie Regimenter kleiner Soldaten meilenweit herangezogen kommen. Näherte sich solch ein Heereszug einer Hütte der Eingeborenen, so verließen diese fluchtartig ihre Behausung, denn die Stiche der Insekten verursachen langanhaltendes, oft tödliches Fieber. In kurzer Zeit ist so eine Wohnstätte durchwühlt und von den Ameisen zerstört.

Unter den Vögeln, deren farbenprächtiges Gefieder den hellsten Farbenglanz der Wiener Ballsäle tief in den Schatten stellen würde, sahen wir zum Beispiel den katholischen Vogel, der Fasttage einhält, prachtvolle Papageien und Kakadus, auch einen kleinen Vogel, dem die Spanier den poetischen Namen „Alma perdida", die verlorene Seele, gegeben haben und dessen klagender Ruf herzzerreißend wirkt. Außer den mannigfaltigen Vogelstimmen, dem Geschnatter und Heulen der Affen und dem Ruf des Jaguars hörten wir aber auch immer wieder jenen geheimnisvollen Ton, der nachts durch den tropischen Urwald schwingt und den einsamen Wanderer das Gruseln lehrt.

Aber nicht nur die Fauna, auch die Flora ist in diesen Gegenden großartig und unwahrscheinlich herrlich und farbenreich. Die Pflanzen des Urwaldes sind manchmal dem Menschen ebenso feindlich gesinnt wie die Tiere. So darf man unter dem sogenannten Totenbaum (Mancinella euphorbius) nicht ruhen, geschweige denn einschlafen. Man würde nie wieder erwachen. Ein anderer seltsamer Baum ist der Palo di sieda oder der Seidenbaum, der Seide erzeugt. Aber auch einen guten Freund fanden wir im Urwald, den sogenannten Milchbaum, dessen große Schoten, wenn man sie am Morgen aufreißt, ein milchähnliches, erfrischendes Getränk ausströmen.

Es fehlt auch nicht an wilden Tieren, die wir nachts durch unser Feuer verscheuchten, wenn wir unseren Affen-, Makao- oder Papageienbraten bereiteten. Auch zur Jagd auf Großwild ergab sich für uns Gelegenheit. Wir erlegten mehrere junge Jaguare, die in der Nacht unser Lager umschlichen, auch einige Wildkatzen und Riesenschlangen konnten wir als Beute verzeichnen.

Die Weihnachtszeit war inzwischen gekommen, für uns in der Wildnis leuchtete kein Weihnachtsbaum. Mit etwas Wehmut gedachte ich der Heimat und meiner Lieben.

Nun kamen wir zu den ersten Stromschnellen des Amazonas. In wildem, brausenden Schwall stürzen sich die Fluten des Stromes in die tieferliegenden Teile des breiten Bettes, wo sie gischtend und donnernd ihren weiteren Weg suchen. Da weigerten sich unsere Urwaldbewohner, die gefährliche Fahrt mitzumachen. Wir versprachen ihnen glänzenden Lohn – sie sollten mit Spiegeln und gläsernen Perlen beschenkt werden –, aber die verlockendsten Dinge konnten sie nicht bewegen, auf dem Floß über die Katarakte hinunterzufahren.

So versuchten wir es mit Drohungen und nahmen unsere Gewehre zur Hand, vor denen sie ungeheuren Respekt hatten, da sie diese Waffe nicht kannten, weil sie bisher nur Pfeil und Bogen als todbringende Wehre gesehen hatten. Aber was nützte das alles. In unbewachten Augenblicken sprangen sie ins Wasser, um schwimmend das Ufer zu erreichen und in die Wälder zu flüchten. Als uns schließlich auch der Letzte

Um die Völker am Amazonas bei seinen Vorträgen oder in Artikeln dokumentieren zu können, kaufte Gustav Sztavjanik Fotos von der Urania in Wien und ließ sie auf Diafilm reproduzieren. Hier zwei Beispiele.

entkommen war, blieben wir beide allein auf dem schwimmenden Floß und trieben in beständiger Angst den Amazonas hinunter.

Wenn es irgend eine Möglichkeit gegeben hätte, einen anderen Weg, wären wir wohl selbst gerne von unseren dreizehn Baumblöcken gestiegen – aber es drängte sich der Urwald sumpfig und dicht an die Ränder des Flusses. So mußten wir uns eben wohl oder übel der großen Gefahr dieser rasenden Fahrt über die Stromschnellen aussetzen.

Ein letztes Mal legten wir für kurze Zeit an. Dann stießen wir wieder vom Ufer und banden uns schicksalsergeben auf unserem Floß fest. Schneller und schneller begann sich der schaukelnde Untergrund, der uns und unsere Habe trug, der großen Stromschnelle zu nähern. Wir fühlten plötzlich, wie wir in die Luft flogen – wir fielen eingehüllt in Wasserstaub einige Meter tief hinunter und schlugen unten mitten in einem tosenden Wirbel auf der Fläche des Flusses wieder auf. Unser Floß knirschte, der Lehmofen barst in der Mitte auseinander, aber die guten Faserstricke hielten die Balken zusammen, und unser Fahrzeug drehte sich in tollen Kreisen langsam aus der spritzenden Wasserflut, um dann in normaler Geschwindigkeit weiter zu treiben.

Wir atmeten auf. Bald hatten wir uns losgebunden und reichten uns nach höchster Lebensgefahr stumm die Hände. Daß der Ofen, den wir so mühsam auf unserem Floß errichtet hatten, nun zerstört und zum größten Teil fortgeschwemmt war, was lag daran; wir dankten unserem Geschick, daß wir dieses tolle Wagnis ohne Schaden zu nehmen überstanden hatten.

Noch einige kleinere Stromschnellen überwanden wir in ähnlicher Weise, bis wir endlich dieses wilde Stück des Amazonas hinter uns hatten. Manche wochenlange Wanderung gab es nun wieder durch den Urwald und die Ebene, abwechselnd mit kürzeren Fahrten auf dem Fluß, wenn uns die Eingeborenen in ihren Kanus eine Strecke weit mitnahmen. Doch auch hier im Gebiete des Unterlaufes des Amazonas gab es manches ungemütliche Abenteuer, als nach der Regenzeit das Wasser aus den weiten Urwäldern wieder in den Strom zurückschoß und diesen in ein wütenden Meer von gelbbraunen Fluten und mitgerissenen Bäumen und Steinen verwandelte.

Die Reise durch den Urwald hatte den ganzen Winter in Anspruch genommen, der südlich des Äquators der Sommer ist. Der Amazonas war inzwischen zu gigantischer Breite angewachsen, ja hatte sich zu

Weiteres Foto aus der Urania-Sammlung, das von Sztavjanik verwendet wurde.

einem Meere erweitert, und man sah kaum von einem Ufer zum andern. Der Hafen Para, wenn man stromabwärts kommt, liegt am rechten Ufer, und hier langten wir endlich im neunten Monat unserer Reise, im April 1929 an. Unsere Gewandung und unsere Waffen befanden sich bereits in ziemlich desolatem Zustand, aber was machte das, wir hatten unseren großen Vorsatz ausgeführt, hatten zum zweiten Mal den südamerikanischen Kontinent, und hier seiner größten Breite nach, durchmessen, hatten die Wunder des Urwaldes geschaut und einen Schatz von Eindrücken und Erfahrungen angehäuft. Nun konnten wir mit gutem Gewissen das Schiff besteigen, um auf der Fahrt nach New York, wo eine meiner verheirateten Schwestern uns erwartete, etwas auszuruhen und Mut und Kraft zu sammeln für die Fortsetzung der Weltreise.

Wenn ich heute an das Amazonasgebiet zurückdenke, so sage ich mir, daß in jener großzügigen Natur des tropischen Urwaldes an den Ufern des märchenhaften Amazonas eine fremde Welt liegt mit ganz anderen Lebensbedingungen, einer anderen Weltanschauung. Die Menschen dort sind gewiß glücklicher, denn sie wissen nichts von der nervenaufreibenden Hast der großen Weltstädte oder Riesenbetriebe, sie sind zufrieden, weil sie wenig Bedürfnisse haben und weil die herrliche Natur ihnen alles gibt, was sie zum Dasein brauchen.

Auf der Schiffsreise von Pará an der Amazonasmündung nach New York konnten sich endlich auch die strapazierten Reisefahrzeuge ausruhen. Es ist erstaunlich, daß die Fahrräder der beiden Abenteurer mit ihren Besitzern mithalten konnten. Zwar mußten wohl mehrfach Reifen gewechselt und Ersatzteile ausgetauscht werden – Sztavjanik beschreibt unter anderem, daß sie in der afrikanischen Savanne die Luft in den Pneus durch trockenes Gras ersetzt haben –, doch das Transportmittel selbst scheint äußerst robust gewesen zu sein.

F. J. Davar betont in seinem noch unterwegs, 1929 in New York, publizierten Buch *Cycling over the Roof of the World*, daß er die gesamte Reise auf einem mit britischen Dunlop-Reifen ausgestatteten britischen „Raleigh Bike“ absolviert habe, und Sztavjanik verweist stolz auf sein mit Semperit bereiftes „Puch-Rad“. Experten erkennen auf den Fotos jedoch, daß es sich bei seinem Fahrzeug nicht um ein Puch-Fabrikat im Originalzustand, eines der berühmten „Waffenräder“, gehandelt haben dürfte, sondern daß verschiedene Bestandteile zusammengebaut worden waren. Immerhin, die Puch-Fahrgestellnummer wurde beim Verlassen Österreichs in Klein-Haugsdorf vom Zoll in den Paß eingetragen. Und die Firma Steyr-Puch dürfte Sztavjanik mit einem – wohl eher kleinen – Betrag unterstützt haben, auf einigen Fotos kann man nämlich (mit der Lupe) eine kleine Werbeaufschrift am Rad erkennen.

Inzwischen haben die jahrhundertealten Träume der Menschen von müheloser Fortbewegung zu den Renn- und Tourenrädern, den City- und Mountainbikes von heute geführt. Ob es wirklich Leonardo war, der sich nicht nur mit der Konstruktion von Maschinen, Kriegsgeräten, Schiffen, Flugmaschinen und sogar einem Automobil mit Uhrwerkmotor beschäftigt hat, sondern auch das Fahrrad erfunden haben soll, ist nicht eindeutig nachzuweisen.

Sicher ist, daß Wissenschaftler, Konstrukteure und selbst Künstler von der Idee der kraftsparenden, schnellen Fortbewegung mindestens ebenso fasziniert waren wie von der Idee des Fliegens und daß Ende des 18. Jahrhunderts die ersten Vorläufer des heutigen Fahrrades auftauch-

Die Leonardo da Vinci zugeschriebene Fahrradskizze (oben) ist heutigen Modellen schon recht ähnlich. „Luftfahrräder“ blieben dagegen bis heute Phantasieprodukte.

ten. Radhistoriker nennen für gewöhnlich den pensionierten deutschen Forstmeister und späteren Professor für Mechanik Karl Freiherr von Drais als Erfinder des Laufrades, Velociped oder Draisine genannt. Als Konkurrenz für das Pferd geliebt und kritisiert, hatte das zunächst als extravagante Novität begehrte hölzerne Laufrad überall dort seine Grenzen, wo schlechte Straßen und Wege das Rollen mühsam machten.

Die Konstruktion wurde weiterentwickelt, verbessert und perfektioniert, bis Mitte des 19. Jahrhunderts der französische Wagenbauer Pierre Michaux das Vorderrad einer Draisine mit Kurbeln und Pedalen versah und damit die heutige Form des Antriebs erfand. Die neue Konstruktion schlug äußerst erfolgreich ein, die industrielle Serienfertigung konnte in Angriff genommen werden. Schmiedeeisen ersetzte das Holz, leichtlaufende Lager und gefederte Sättel machten die „Michauline“ zum ersten „echten“ Fahrrad.

Die hochentwickelte englische Stahlindustrie trieb die Entwicklung des Fahrrads weiter: Stahlrahmen, Gummireifen und Bremsen wurden selbstverständlich, Leichtigkeit und vor allem Geschwindigkeit wurden forciert – das Hochrad entstand, das mit einer Pedalumdrehung am überdimensionalen Vorderrad (mit bis zu 2,5 Metern Durchmesser!) enorme Beschleunigung erlaubte – wenn auch nur mehr für akrobatisch veranlagte Sportler. Die Erfindung der Kettenübersetzung und des luftgefüllten anstelle des Vollgummireifens führte schließlich zu jenem Fahrradtyp, dessen Konstruktionsprinzip sich bis heute nicht mehr wesentlich verändert hat.

Der Phantasie bei der Radkonstruktion sind aber offenbar kaum Grenzen gesetzt. Neben dem Einrad und dem Dreirad setzte sich allerdings das Zweirad als sportlichste und zweckmäßigste Version durch. In den zwanziger Jahren – der Zeit unserer beiden Abenteurer also – hatten Fahrräder generell einen massiven und entsprechend schweren Stahlrahmen. Ein gefederter, lederbezogener Sattel gehörte ebenso zur Grundausstattung wie ein einfaches Bremssystem mit einem Bremsklotz, der von oben auf den Vorderreifen drückte, seltener noch eine Felgenbremse. Deshalb wird nach dem Diebstahl von Davars Fahrzeug im Zeitungsbericht darüber eigens auf dieses Detail hingewiesen. Auch Sztavjaniks Puch-Fabrikat war mit modernen Bremsen ausgerüstet.

Gangschaltungen waren noch die absolute Ausnahme, und die beiden Weltumrunder hatten, den Fotos nach zu schließen, keine solche zur Verfügung. Weite Ebenen und steile Bergstrecken wurden demnach mit ein und derselben Übersetzung bezwungen. Wichtiger für ihre Bedürfnisse waren robuste Gepäckträger, um die ohnedies auf ein Minimum beschränkte Ausrüstung transportieren zu können. Um wenn nötig auch bei Dunkelheit fahren zu können, waren viele damalige Fahrradmodelle bereits mit dynamogetriebenen Lampen ausgestattet. Daneben waren

Ganz seltene Aufnahme, die zumindest ein Fahrrad schwer bepackt zeigt (Foto aus Japan). Wie die beiden es wirklich schafften, mit der geringen Transportkapazität der Räder auszukommen, erwähnt Sztavjanik in seinen Manuskripten nicht ein einziges Mal.

aber auch noch „Fahrradlaternen“ üblich, die den Vorteil boten, auch bei Stillstand des Fahrzeugs Licht abzugeben. Sztavjanik erwähnt diese Art der Beleuchtung aus Anlaß der – wie sich herausstellen sollte – gefahrvollen Benutzung eines Eisenbahntunnels, und auf einem der Fotos ist deutlich eine doppelflammige Leuchte zu erkennen. Andere Fotos lassen andererseits einen Dynamo erkennen. Über den Wechsel von einer zur anderen Beleuchtungsart bzw. über die mögliche Ausstattung mit beidem verliert Sztavjanik wie über andere technische Details nie ein Wort.

Unterwegs war wohl des öfteren Improvisationstalent gefragt, um die auf unwegsamen Strecken in Mitleidenschaft gezogenen Räder wieder fahrtüchtig zu machen. Daß Sztavjanik und Davar zeitweise ein parallel zum Hinterrad montiertes Reserverad mitführten, geht aus dem Foto aus Algier hervor. Sie standen damals vor der Durchquerung der riesigen und unbewohnten Stein- und Sandwüste der Sahara und mußten vorsorgen. In zivilisierteren Gegenden hingegen war es für die beiden im Verlauf ihrer Reise immer prominenter werdenden Weltenbummler vermutlich nicht allzu schwierig, ihre Räder wieder in Schwung zu bringen. Das Netz für diese technisch-logistischen Notwendigkeiten waren die diversen Sport- und Radfahrer-Clubs, die mit finanzieller Hilfe und praktischer Unterstützung zur Stelle waren.

Der Wiener Künstler Hermann Härtel mit einem dem Fahrrad Gustav Sztavjaniks nachempfundenen Gefährt

Schon Ende des 19. Jahrhunderts hatten sich die Radfahrer, die sich bei einer rasanten zahlenmäßigen Zunahme mit einer ebenso rasant ansteigenden Reglementierung ihrer Fortbewegung konfrontiert sahen, zu Interessensvertretungen, Vereinen und Verbänden zusammengeschlossen. 1869 gab es den ersten Fahrradverein in Wien, bald waren es mehrere hundert in ganz Österreich, und 1896 wurde der „Österreichische Touring Club“ gegründet. Wett- und Tourenfahrten wurden organisiert, und die sportlich motivierten Mitglieder verpaßten sich einen strengen Ehrenkodex, der anfangs etwa die Annahme von Geldpreisen für Radrennen strikt untersagte. Immerhin waren es vor allem Vertreter des Adels und des Großbürgertums, die sich dem neuen Sport hingaben, aber auch Künstler und Schriftsteller – wie etwa Arthur Schnitzler, der der „Radfahrer Union Vorwärts“ angehörte und auch Hugo von Hofmannsthal und andere mit seiner Leidenschaft infizierte.

Zu den wichtigsten Aufgaben dieser Vereine zählten die internationale Hilfeleistung und die Kontaktpflege mit Schwesterorganisationen im Ausland. England hatte sich zum Radfahrerparadies schlechthin entwickelt – hier war auch der Sitz des international agierenden „Cyclist's Touring Club“ –, in den meisten europäischen Ländern wurden Clubs gegründet, und in Amerika fungierte die „American League of Wheelmen“ als Dachorganisation der vielen lokalen Vereine. Die vordringlichsten Ziele waren überall dieselben: Kartenmaterial herausgeben und die Mitglieder mit Hotelermäßigungen, Grenzübertrittsscheinen und bei Bedarf auch mit Tourenkollegen versorgen. Selbst Damen fanden nach anfänglichen moralischen Bedenken Aufnahme in die Vereine – oder gründeten ihre eigenen – und zeigten nicht nur sportliche Ambitionen, sondern errangen auch beachtliche Rennerfolge.

Mit dem Aufschwung der Fahrradindustrie und der relativen Preissenkung eroberte das Rad als Verkehrsmittel bald auch weniger betuchte Schichten – die Zyklisten der ersten Stunde hatten längst das Automobil oder wenigstens das Motorrad entdeckt. Die proletarischen Radler gründeten Arbeiter-Radvereine, die nicht selten wegen ihres politisch-ideologischen Potentials verboten wurden. Doch Mobilität, die Möglichkeit gemeinsamer Ausflüge in die Natur, Wett- und Wanderfahrten – all das ließ sich auch die Arbeiterklasse nicht mehr nehmen.

Ein Stück Freiheit, Unabhängigkeit und Luxus repräsentierte das für viele immer noch unerschwingliche Fahrrad, darüber hinaus Fortschritt

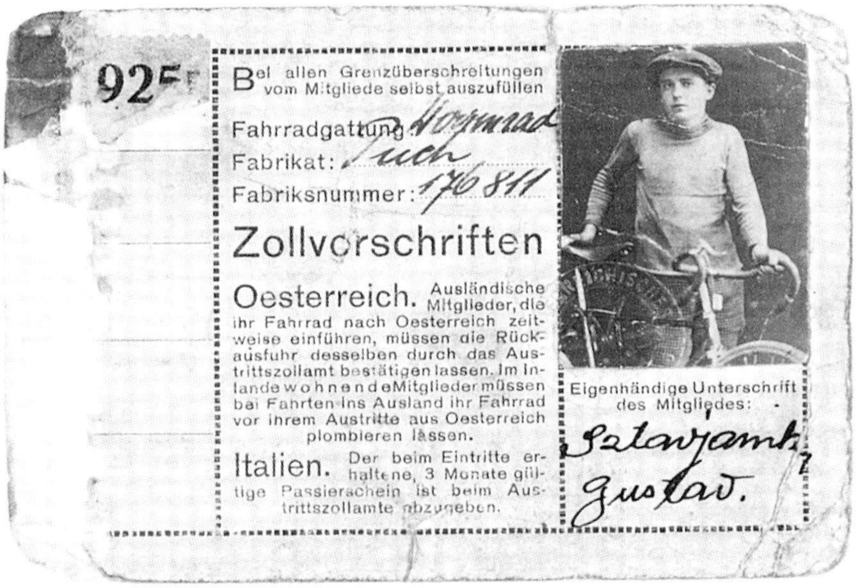

Sztavjaniks Mitliedsausweise der „Naturfreunde" (links) und des „Oesterreichischen Touring-Clubs", welcher vor allem auch zur Erledigung der Zollformalitäten wichtig war.

und Geschwindigkeit. Und da trafen einander die Wanderbewegung des noch jungen Jahrhunderts und die neu entstehende Sucht nach Rekorden und Wettbewerben. Der Amateur- und der Profi-Radsport, finanziert von einer expandierenden Fahrradindustrie, gewann feste organisatorische Strukturen: Langstreckenrennen, spektakuläre Geschwindigkeitsrekorde, bei denen die Fahrer im Windschatten von

Zwei von Sztavjaniks Mitgliedsausweisen ausländischer Radfahrer- und Touringvereine

Schrittmacherfahrzeugen bis zu 100 km/h erreichten, Hallenrennen und große Rundfahrten wie die seit 1903 durchgeführte „Tour de France" steigerten die Popularität.

Nach dem Ersten Weltkrieg, in dem das Fahrrad erstmals auch für militärische Zwecke, für Melde- und Patrouillenfahrten eingesetzt worden war, setzte es sich endgültig als billiges Massenverkehrsmittel durch. So war offenbar auch Gustav Sztavjanik stolzer Besitzer eines Fahrrades und Mitglied in einem oder mehreren der vielen Radvereine. Nur mit der Legitimation eines solchen Vereines war der zollfreie Grenzübertritt innerhalb Europas möglich – Sztavjanik berichtet ja, daß die Reise gleich zu Beginn an der tschechoslowakischen Grenze beinahe ein Ende gefunden hätte.

Möglicherweise gehörte Sztavjanik, Mitglied des Österreichischen Touring Clubs, der Naturfreunde und des Wiener Bewegungssportclubs, auch dem „Verband der Arbeiter-Radfahrvereine Österreichs" an, der 1924 bereits über 17.000 Mitglieder in 386 Ortsgruppen vereinte. 1932 in „Arbeiter Rad- und Kraftfahrerbund Österreichs" (ARBÖ) umbenannt und erweitert, bot er mit Veranstaltungen und einer Zeitschrift eines der vielen Podien, auf denen Gustav Sztavjanik nach seiner

Rückkehr von seinen Reiseerlebnissen berichtete. 1934 wurde der ARBÖ übrigens gemeinsam mit der Sozialdemokratischen Partei verboten und aufgelöst.

Wie verbreitet in den zwanziger und dreißiger Jahren der Radsport in aller Welt war und wie viele lokale Radvereine es gegeben hat, beweisen die vielen Urkunden und Erinnerungsstücke, die sich in Sztavjaniks Nachlaß befinden. Als prominenter Teilnehmer wurde er in den verschiedenen Ländern zu Veranstaltungen und Rennen eingeladen. Gut trainiert, wie er aufgrund seiner jahrelangen Tour war, errang er quasi en passant einen Sieg nach dem anderen. Die Preisgelder wurden dringend zur Finanzierung der Reise benötigt. In Santiago de Chile gelang ihm, wie er stolz berichtet, bei einem großen internationalen Rennen der größte Erfolg: Beim 24-Stunden-Marathon stellte er mit mehr als 702 Kilometern einen Südamerika-Rekord auf. Allerdings nicht mit dem eigenen Weltreiserad, sondern mit einer geliehenen Rennmaschine.

Zu den Herausforderungen, die die begeisterten Radler immer wieder zur Bestätigung eigener Leistungsfähigkeit und zur Auslotung der menschlichen und technischen Grenzen suchten, zählten nicht nur Rennen und Geschwindigkeits-, sondern auch Langstreckenrekorde. Schon ein halbes Jahrhundert vor Davar und Sztavjanik war ein amerikanischer Radenthusiast auf die Idee einer Weltreise gekommen: Thomas Stevens hatte zunächst nur vor, von San Francisco aus die Vereinigten Staaten zu durchqueren, bestieg dann, vom Erfolg seiner Reise beflügelt, in Boston ein Schiff, gelangte über den Atlantik nach Paris, durchquerte Europa, den Vorderen Orient, Indien, China und Japan, um per Schiff wieder in San Francisco zu landen.

Möglicherweise war er das Vorbild für F. J. Davar, von dem ja die Initiative für die Weltreise ausgegangen sein dürfte: Auch Stevens war von Beruf Journalist und landete mit seinem Bericht „20.000 Meilen mit dem Hochrad um die Welt“ einen veritablen Bestseller der frühen Reise- und Abenteuerliteratur. Stevens' Heimat, die USA, waren Sztavjaniks und Davars nächstes Ziel.

(Anmerkung: Zahlreiche Informationen für dieses Kapitel entstammen dem Buch „Kommt Zeit, kommt Rad. Eine Kulturgeschichte des Radfahrens“ von Andreas Hochmuth, ÖBV, Wien 1991)

Nordamerika: Von Küste zu Küste

Auf der dreizehntägigen Seereise, die leider recht stürmisch verlief, konnten wir uns nicht so, wie wir hofften, von den Strapazen erholen, so daß wir uns dann in New York bei meiner in Amerika verheirateten Schwester etwas ausruhen mußten.

In New York wurden wir stürmisch empfangen. Auch der bekannte Bürgermeister Jimmy Walker empfing uns, gratulierte uns zu unserer Reise und trug sich in unser Buch ein. Wir hatten auch Gelegenheit, Sven Hedin, den berühmten nordischen Forscher, zu sprechen, der sich in unser Buch einschrieb und uns zu unserer Eroberung der Anden beglückwünschte. Auch Dr. Eckener, der gerade sich mit dem Zeppelin in Amerika aufhielt, wurden wir vorgestellt, er fand für uns freundliche Worte und verwies lächelnd auf den Unterschied unserer Fahrzeuge.

In New York beteiligte ich mich an mehreren Radrennen, darunter die dritte deutsche Meisterschaft und die New Yorker Staatsmeisterschaft, wo ich die österreichischen und deutschen Farben erfolgreich vertrat. Wir blieben einige Monate in New York, und wenn ich dort einen Wolkenkratzer bestieg, erinnerte ich mich an manchen Tiefblick von der Kette der Anden.

Von New York führte uns die Reise nach Washington, wo uns Präsident Hoover die Ehre des Empfanges zuteil werden ließ und sich

Beim amerikanischen Konsulat in Parà [heute: Belém, Brasilien] besorgten sich die beiden Weltumrunder die Einreisepapiere für die USA. Hier die Empfangsbestätigung für den Dollar, der dafür zu bezahlen war.

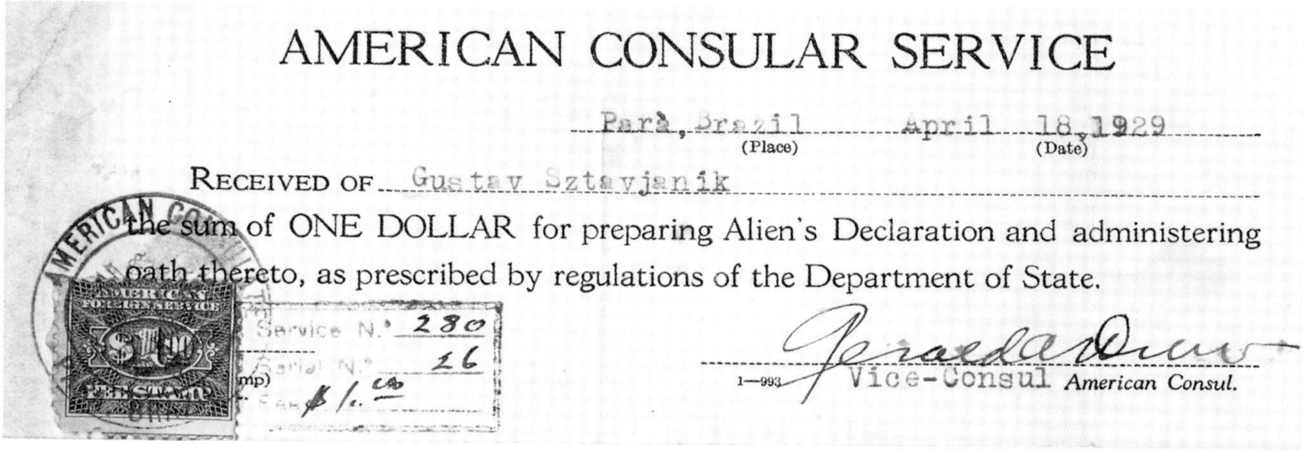

AMERICAN CONSULAR SERVICE

Parà, Brazil (Place) April 18, 1929 (Date)

RECEIVED OF Gustav Sztavjanik

the sum of ONE DOLLAR for preparing Alien's Declaration and administering oath thereto, as prescribed by regulations of the Department of State.

Service N.° 280

Serial N.° 26

$1.00

1—993 Vice-Consul American Consul.

Aus Sztavjaniks Fotoalben: ein Bild, das er sich in New York besorgt hat

in unser Buch einzeichnete. Ende Juli fuhren wir dann ab, um den amerikanischen Kontinent von Ost nach West zu durchqueren, also unsere dritte Durchquerung Amerikas. Hier ging es allerdings bedeutend zivilisierter zu als bei unserer zweiten Durchquerung im Amazonasgebiet.

Wir passierten auch Chicago, die Stadt der Gangster, mit ihren

Gustav bei seiner in Amerika verheirateten Schwester Poldi und deren Familie in Los Angeles

Plakatentwurf für in Amerika geplante Vorträge

Wolkenkratzern. Unsere Räder freuten sich über die guten Straßen. In Detroit wurden wir feierlich von den Sportvereinen der Stadt empfangen, dies wiederholte sich auch in den folgenden amerikanischen Städten. Wir besuchten den berühmten Industriereformer Henry Ford, der uns freundlichst sein Auto zur Besichtigung seiner Fabriksanlagen zur Verfügung stellte. Von Detroit, das an einem Arme des Eriesee liegt, machten wir einen Ausflug auf die gegenüberliegende kanadische Halbinsel und in die Stadt Wilmington.

Über Cleveland, Milwaukee, Utah erreichten wir im Herbst San

Auch in den USA wird Gustav Sztavjanik (vierter von links, im Dreß) eingeladen, sich an Radrennen zu beteiligen, hier in New York. Davar (dritter von links, im Anzug) macht dabei nie mit.

Die Kontaktnahme mit örtlichen Vereinen wird in den USA besonders intensiv betrieben. Hier sind sie zu Gast beim „Deutschen Unterstützungsbund“ in Detroit.

Francisco, und dort erhielten wir einen Anerkennungsbrief des Bürgermeisters Ralph. Nach amerikanischer Gewohnheit wurden wir auch in San Francisco von Reportern bestürmt, mußten Erklärungen abgeben, wurden zu wiederholten Malen photographiert, Zeitungsartikel lenkten die allgemeine Aufmerksamkeit auf unser Unternehmen.

An der kanadischen Grenze

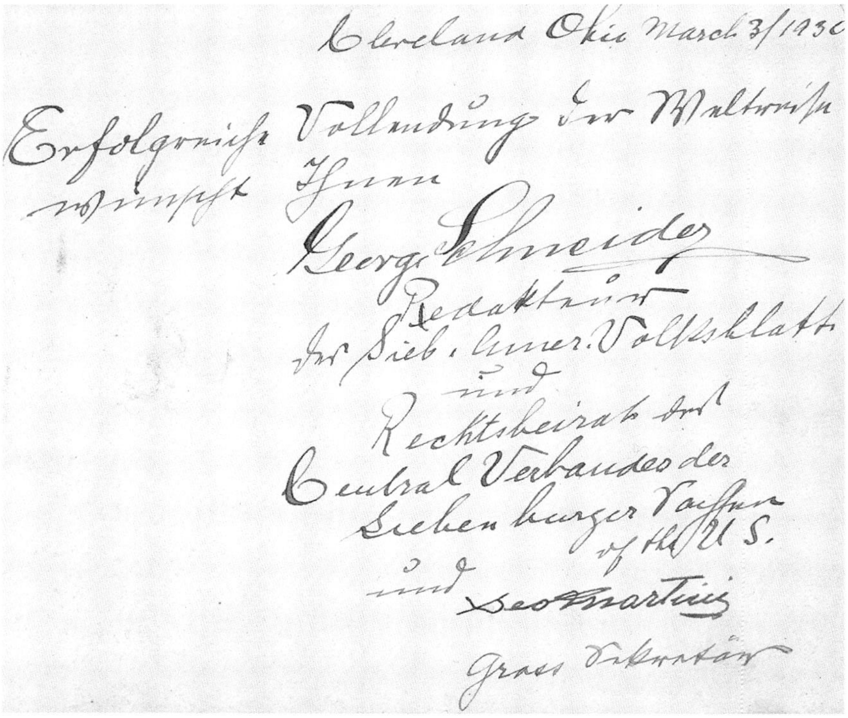

Cleveland Ohio March 3/1930

Erfolgreiche Vollendung der Weltreise wünscht Herrn

Georg Schneider

Redakteur

der Sieb. Amer. Volksblatt

und

Rechtsbeirat des

Central Verbandes der

Siebenburger Sachsen

of the U.S.

und Geo Martini

Gross Sekretär

Dokumente von den vielen Vereinen ausgewanderter Deutscher, die der Wiener und der Inder besuchten:

Links Glückwünsche des Redakteurs des in Ohio erscheinenden „Siebenbürger Volksblattes“ und „Rechtsbeirates des Central Verbandes der Siebenbürger Sachsen of the US“

Rechts eine Dankesurkunde der Ernst von Bandel Loge Nr. 3 des „Ordens der Hermannssöhne“ in San Francisco für einen Vortrag, den Sztavjanik und Davar gehalten haben

Ernst von Bandel Loge No. 3

O. d. H. S.

SAN FRANCISCO, CALIF., June 24. 1930

Es war uns ein großes Vergnügen heutigen Abend dem Vortrag der berühmten Fußwanderweltumsegler G. Sztarzanik und F. J. Havar anzuhören. Obige Loge kann sich als eine besondere Ehre bezeichnen und wir danken den beiden Wanderern und wünschen beiden eine glückliche Reise bis sie an ihr Ziel gelangen.

Mit besten Wünschen

Ernst von Bandel Loge #3
Orden der Hermanssöhne
San Francisco California
Wm K. Klee Secr.

Am Schiff von San Francisco nach Yokohama. Selbst dort müssen die beiden für Fotografen auf Rädern posieren.

In Frisco schifften wir uns nach Hawaii ein und landeten nach einigen Tagen in Honolulu, der so schön gelegenen Hauptstadt von Hawaii. Wir sahen die berühmten Kilauea-Krater und noch mehrere andere, das Schiff entführte uns jedoch bald wieder nach Japan, wo wir in Yokohama nach dreizehntägiger Reise von Frisco landeten.

Prominente Begegnungen

In der einsamen Weite der Sahara, auf den stillen Gipfeln der Anden oder im unerforschten Dschungel des Amazonasbeckens war die Begegnung mit Menschen die Ausnahme und bedeutete Konfrontation mit fremder Kultur, mit ungewohnten Lebensgewohnheiten, mit exotischen Völkern und Stämmen. Die beiden Weltumfahrer wurden, je nachdem, mit Neugier, Bewunderung, Staunen oder vorsichtiger Distanz beäugt, befragt und willkommen geheißen.

Die Schwarzen in Afrika und die Indios in den südamerikanischen Urwäldern nahmen die beiden Radfahrer meist mit erstaunlicher Gleichmut zur Kenntnis, wie Sztavjanik berichtet. Gastfreundlich beherbergten und bewirteten sie die beiden, waren ihnen bei der Bewältigung weiter Wegstrecken behilflich, garantierten ihre Sicherheit und akzeptierten mit derselben Selbstverständlichkeit Abschied und Weiterreise.

Ohne daß er es besonders betont, wird aus Gustav Sztavjaniks Berichten der Respekt deutlich, mit dem er und Davar den Fremden, den „Wilden", begegneten. Dementsprechend freundlich gestaltete sich im allgemeinen die Aufnahme. Vorurteilslose Offenheit und Neugier dem Unbekannten gegenüber scheint ihre Haltung geprägt zu haben.

Je länger sich die Reise hinzog, desto mehr wuchsen Popularität und Ruhm der beiden Protagonisten. In den großen Städten Südamerikas wurden sie – nicht zuletzt dank der Ehrungen und Empfänge durch die örtlichen Sport- und Radvereine – geradezu als Helden gefeiert, die Zeitungen berichteten über ihre Leistungen und ihr spektakuläres Unternehmen. Doch der große Triumph, die Publicity im vollen Ausmaß, brach erst in den Vereinigten Staaten auf sie los.

Die Amerikaner hatten seit jeher etwas übrig für außergewöhnliche Unternehmungen und feierten Davar und Sztavjanik wie Stars. F. J. Davar, der Journalist, nützte den mehrmonatigen Aufenthalt in New York, um die Erlebnisse der Andenüberquerung zu publizieren – sein Buch erschien 1929 bei John G. Zeidler in New York und dürfte die Popularität weiter angeheizt haben. Die Ausgabe, die Sztavjaniks in Amerika verheirateter Schwester gewidmet wurde, trägt eine Schleife

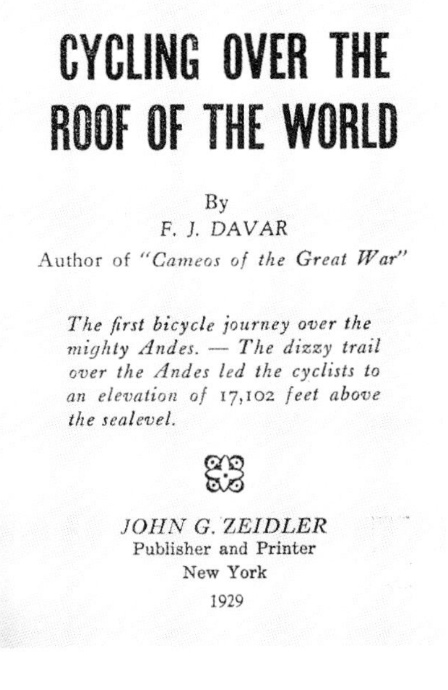

CYCLING OVER THE ROOF OF THE WORLD

By
F. J. DAVAR
Author of *"Cameos of the Great War"*

The first bicycle journey over the mighty Andes. — The dizzy trail over the Andes led the cyclists to an elevation of 17,102 feet above the sealevel.

JOHN G. ZEIDLER
Publisher and Printer
New York
1929

Titelseite des von Davar in New York herausgebrachten Büchleins über die Andenüberquerung

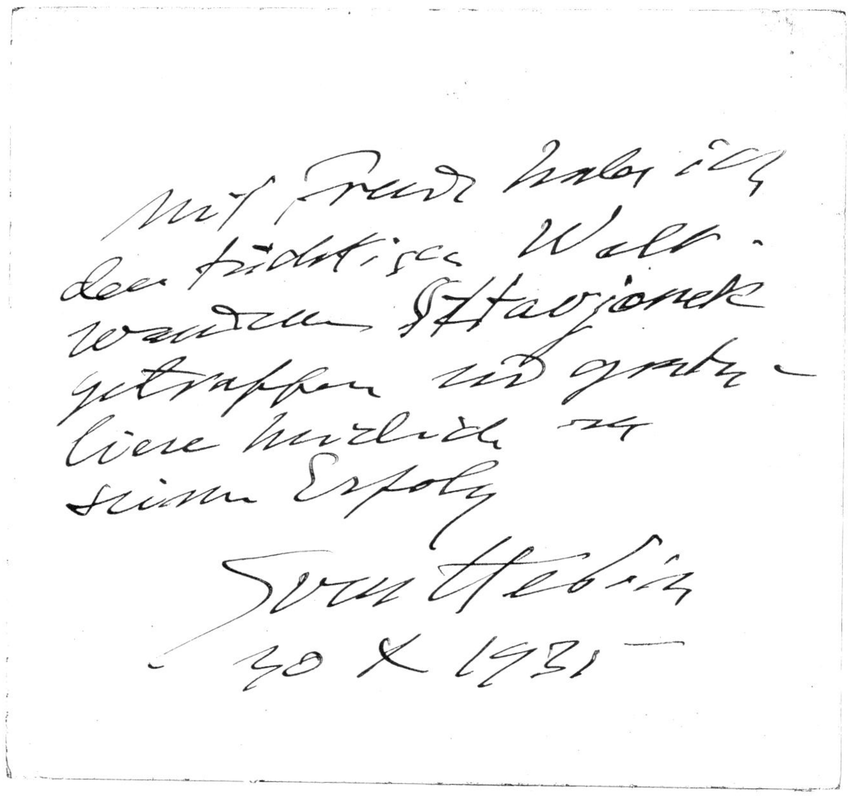

Mit Freude habe ich den tüchtigen Weltwanderer Sztavjanek getroffen und gratuliere herzlich zu seinem Erfolg

Sven Hedin
30 X 1931

Grußworte des berühmten Forschers und Buchautors Sven Hedin

mit prominenten Empfehlungen: *„Wonderful bicycle tour ... most admirable achievement." Dr. Sven Hedin (World famous Explorer and Scientist). „Very interesting book ... astonishing sporting feat." Dr. Hugo Eckener (Commander of Graf Zeppelin). „Notable sporting feat ... It proves that sport and noble character increase international friendship and good fellowship." Count Felix Luckner (The Sea-Devil).*

Die zwei Weltenradler waren vom Beginn ihrer Reise an bei prominenten Persönlichkeiten zu Gast und wurden im späteren Verlauf ihres Unternehmens immer mehr herumgereicht und mit anderen bedeutenden Zeitgenossen bekanntgemacht. Könige und Präsidenten – angefangen vom amerikanischen Präsidenten Herbert Hoover – waren darunter, wie Sztavjanik später stolz erzählt. Und er kann es auch beweisen:

Im Autogrammbuch sind die unterschiedlichsten Berühmtheiten verewigt: Neben dem deutschen Reichspräsidenten Hindenburg etwa der Filmheld Harry Piel, der schwedische Forscher Sven Hedin, der unter anderem durch seine Reiseberichte *Von Peking nach Moskau*

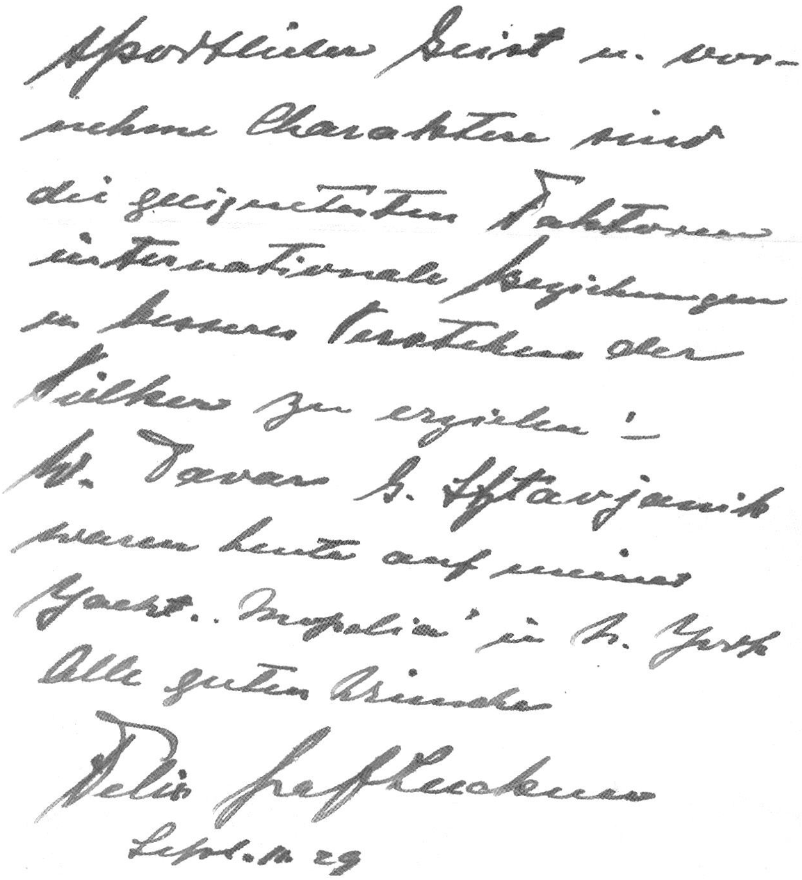

Charles Lindbergh ist im Autogramm- und Erinnerungsbuch mit einfacher Unterschrift vertreten, „Seeteufel“ Felix Graf Luckner mit einem Sinnspruch und der Bestätigung: „W. Davar G. Sztavjanik waren heute auf meiner Yacht“.

(1924) und *Mein Leben als Entdecker* (1928) einer breiteren Öffentlichkeit bekannt wurde, oder Charles Lindbergh, der nach seiner Atlantiküberquerung in Amerika als Nationalheld gefeiert wurde. Der Industrielle Henry Ford, der die beiden Abenteurer in seinem Firmenimperium in Detroit herumführen ließ, der Boxweltmeister Jack Dempsey, den sie in Cleveland, Ohio, trafen, der Schiffskommandant Felix Graf von Luckner, der durch seine Vortragstätigkeit und seine Bücher *Seeteufel. Abenteuer aus meinem Leben* (1921) und *Seeteufel erobert Amerika* (1928) populär geworden war, oder der Luftfahrtpionier Hugo Eckener, der 1924 den ersten für die USA gebauten Zeppelin nach Nordamerika brachte. Er führte nach erfolgreichen Amerika-, Welt- und Polarfahrten 1936 Linienfahrten mit dem Luftschiff Hindenburg zwischen Europa und Amerika ein, die allerdings ein Jahr später mit der Katastrophe von Lakehurst ein tragisches Ende nahmen.

Erinnerungsfoto mit Widmung von Boxweltmeister Jack Dempsey

Im Lauf der Reise hatten sich das Buch mit den Unterschriften und die Alben der Urkunden und Widmungen bereits ziemlich gefüllt: Zu den Bürgermeistern mehrerer amerikanischer Städte kamen in Asien der japanische Ministerpräsident Hamaguchi, der Bürgermeister und der Polizeipräsident von Tokio und der japanische Großadmiral und Kriegsheld Togo. Autogramme aus Indien, im Frühjahr 1931 gesammelt, dokumentieren den letzten Abschnitt der Reise: von Mahatma Gandhi, den sie in der Brahmanen-Metropole Allahabad besuchten,

Zweifache Erinnerung an die Begegnung mit dem „Schieß- und Reitkünstler" Tom Mix

ebenso wie von seinem engsten Mitarbeiter im Indischen Nationalkongreß, dem späteren Ministerpräsidenten Jawaharlal Nehru, vom Maharadscha von Benares und mehreren anderen indischen Persönlichkeiten.

Nachdem der letzte Teil der Reise, immerhin noch gut 10.000 Kilometer, offenbar ohne besondere Vorkommnisse absolviert wurde – zumindest hielt Sztavjanik diesen Abschnitt in keinem seiner Manuskripte für besonders erwähnenswert –, wurden die beiden Abenteurer bei ihrem Einzug in Wien selbst als Helden gefeiert. Eine Weile schien der Ruhm wohl noch anzuhalten – aber dann? Wie kommt jemand damit zurecht, allmählich wieder aus den Schlagzeilen zu verschwinden, in die Normalität eines unspektakulären Alltags zurückzufinden? Statt mit Präsidenten, exotischen Prinzen und Zeugen der Zeitgeschichte zusammenzusitzen und von Reportern belagert zu werden, mit Häftlingen und ihresgleichen Umgang zu haben.

Irgendwie muß es dem Justizwachebeamten Gustav Sztavjanik gelungen sein. Fein säuberlich klebte er jedenfalls auch Fotos von irgendwelchen Kriminalprozessen, in denen er als Bewacher von Defraudanten und Frauenmördern zu sehen ist, zu den Berichten über die Weltreise in sein Erinnerungsalbum.

Asien: Zwischen den Fronten nach Indien

In San Francisco hatten wir den Dampfer „Tatsuta Maru“ der japanischen Linie N.Y.K. bestiegen, und nach dreizehntägiger stürmischer Seereise langten wir in Yokohama ein, brennend vor Neugierde, die Hauptstadt des Inselreiches kennen zu lernen. So schnell aber, wie ich es mir vorgestellt hatte, sollte ich nicht dort hinkommen. Die Japaner nahmen bei den aus Amerika kommenden Schiffen die Formalitäten besonders genau, und die Grenzwachbeamten hielten mich für einen Amerikaner. Ihr kühles, zurückhaltendes Wesen änderte sich aber sofort, als ich den Paß vorlegte, aus welchem sie ersahen, daß ich Österreicher bin. Von diesem Augenblick an waren sie äußerst freundlich.

In Japan kamen wir in die Regenzeit hinein. Wir sahen in Yokohama die grauenhaften Wirkungen eines kurz vor unserer Ankunft ausgebrochenen Erdbebens. Auf guter Straße fuhr ich mit meinem Freund gegen Tokio, das wir in etwa einer Stunde erreichten. Nach einem feierlichen Empfang, der durch das japanische Sportkomitee vorbereitet war, konnte ich mich der verdienten Ruhe hingeben.

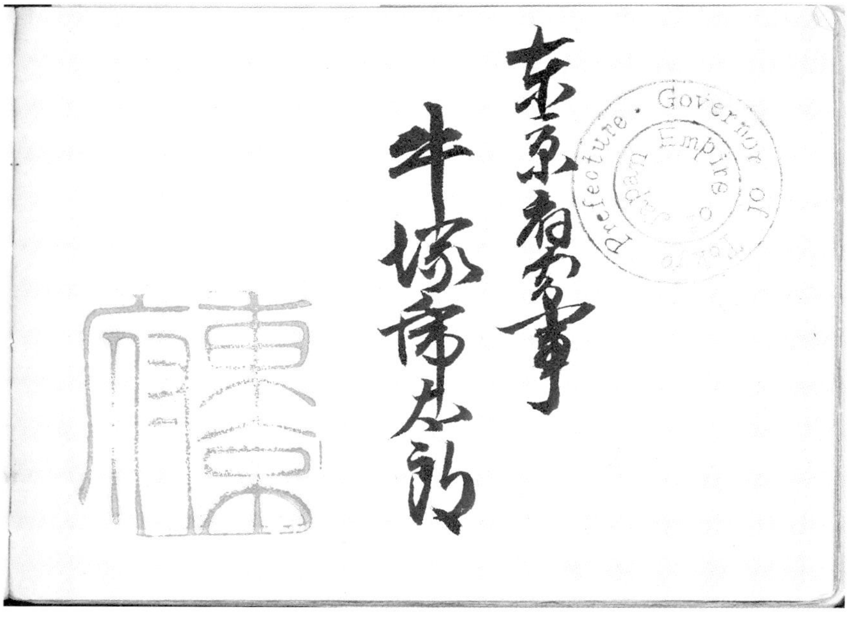

Seite des Bürgermeister von Tokio in Sztavjaniks Erinnerungsbuch

Beim Zeitungsinterview in Osaka

In Tokio war mein erster Weg zu den großen Zeitungen, wo ich eine wahre Belagerung durch Journalisten und Photographen durchzustehen hatte. Der Rummel wurde so arg, daß ich mich verleugnen lassen mußte. Während meines Aufenthaltes nahm ich Gelegenheit, bei einer Reihe offizieller Persönlichkeiten, so bei Admiral Togo, dem Premierminister Hamaguchi, beim Polizeipräfekten und beim Bürgermeister von Tokio vorzusprechen und die Herren um ihr Autogramm zu bitten. Eine Audienz beim Mikado, auf die ich mich sehr gefreut hatte, kam nicht zustande, weil dieser damals nicht in Tokio weilte. Dafür empfing mich Admiral Togo, der Held des russisch-japanischen Krieges, der Sieger in der Schlacht von Zussima. Gerne erinnere ich mich an das Beisammensein mit dem großen, aber in seinem Wesen sehr bescheide-

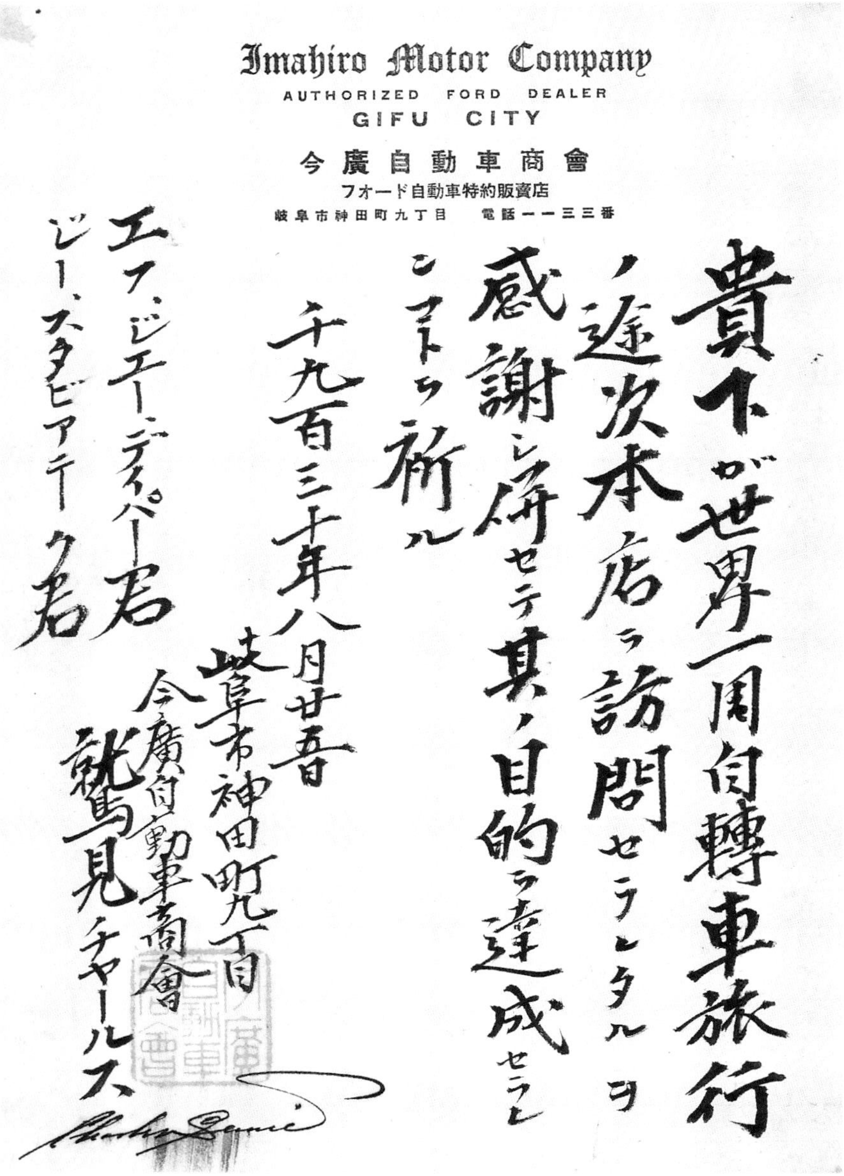

Imahiro Motor Company
AUTHORIZED FORD DEALER
GIFU CITY
今廣自動車商會
フォード自動車特約販賣店
岐阜市神田町九丁目 電話一一三三番

貴下ガ世界一周自轉車旅行ノ途次本店ヲ訪問セラレタルヲ感謝シ併セテ其ノ目的ヲ達成セラレンコトヲ祈ル

千九百三十年八月廿五日
岐阜市神田町九丁目
今廣自動車商會
鷲見チャールス

エフ、ジエー、デイパー君
ジー、スタビアテーク君

Erinnerungschreiben von einem der Gastgeber in der Stadt Gifu

Vor der größten Buddhastatue der Welt in Kamakura

nen Manne. In schlichten Worten erzählte er mir aus seinem Leben und mit Segenswünschen entließ er mich schließlich.

Mit Unterstützung der österreichischen und deutschen Vertretung in Japan und durch besonderes Entgegenkommen der japanischen Behörden und Sportverbände war es mir möglich, Japan von einer Küste zur anderen zu durchstreifen. Selbstverständlich versäumte ich auch nicht,

Tokio nach allen Richtungen hin zu durchwandern und die neuen großen Zweckbauten zu besichtigen, welche aus Tokio eine ganz moderne Großstadt gemacht haben. Beim Anblick dieser Bauten glaubt man sich in eine amerikanische Großstadt versetzt, nur die japanischen Aufschriften und die Passanten in ihrer seltsamen Tracht zerstören diesen Traum. Die Frauen pflegen ihre Kimonos stets zu tragen, während die Männer vielfach schon europäische Kleidung angelegt haben. Das Transportmittel in Japan ist das bekanntlich von einem Mann gezogene Rickshaw.

Japan verfügte zu dieser Zeit bereits über ein großes Netz von Straßen und Eisenbahnen. Der Zustand der ersteren jedoch war zu dieser Zeit kein besonders guter, aber es wurde schon viel an der Instandsetzung gearbeitet.

Die japanischen Männer sind äußerst zurückhaltend und kühl, die Frauen dagegen sehr freundlich und zutraulich. Der Haupterwerb der Frauen ist es, Gesellschaftsdame in Kaffeehäusern zu sein. Beim Eintritt in ein solches setzt sich sofort ein Mädchen an den gewählten Tisch und nimmt die Bestellungen entgegen, sie bleibt beim Gast so lange sitzen, bis er das Lokal verläßt. Will der Gast eine andere Schöne zur Unterhaltung, so braucht er bloß die bei ihm sitzende Japanerin fortzuschikken und eine andere herbeizurufen. In Europa und gar in Wien würde man sich durch ein solches Vorgehen unmöglich machen.

Erinnerungsfoto mit zwei „Gesellschaftsdamen"

Mit dem Bürgermeister von Gifu beim Kormoranfest

Waren mir schon bei der Einreise die besonderen Kontrollmaßnahmen aufgefallen, mußte es mich noch mehr überraschen, daß selbst in den kleinsten Orten eine strenge Kontrolle durch den Kriminaldienst durchgeführt wird. Kaum hatte ich in einem Hotel Wohnung genommen, erschien auch schon ein Beamter, der erklärte, er komme, mich zu „beschützen". Ich verwahrte mich mit dem Bemerken, daß mich in der Arktis niemand vor dem Tod schützte und mein Ende im Magen der afrikanischen Kannibalen kaum jemanden interessiert hätte. Diese Vorsichtsmaßnahmen hängen hauptsächlich mit der großen Furcht der Japaner vor ausländischen Spionen und der streng nationalen Einstellung großer Volksteile zusammen.

Auf unserer Fahrt durch das Land konnte ich beobachten, daß sich die Japaner hauptsächlich mit Reisanbau beschäftigen. Ist doch der Reis ihr billigstes Volksnahrungsmittel. Dieser Umstand erleichtert es Japan, Kriege zu führen, weil die Verpflegung der Armee bedeutend einfacher und billiger ist als die europäischer Truppen.

Das Land ist gebirgig, der höchste Berg ist der Fujiyama, dessen Gipfel stets mit Schnee bedeckt ist. Er gilt als der heilige Berg Japans. Meine Radreise führte mich über Yokohama und Tokio nach Kamakura, wo sich eine der größten Buddhastatuen der Welt befindet. Die Statue ist aus Bronze und hat ein Gewicht von 100.000 Kilo. Die Augen allein sind einen Meter breit. Über Odavara, Kyoto, Nara und Gifu fuhren wir weiter nach Kobe.

Eines meiner schönsten Erlebnisse während des Aufenthaltes in Japan war der Besuch des Kormoranfischfestes in Gifu. Zu diesem Fest reisen die Teilnehmer aus der ganzen Welt, so auch die Japaner selbst, hieher. Ich hatte Gelegenheit, der Veranstaltung als Gast des Bürgermeisters Mateno beizuwohnen. Er beorderte einen höheren Magistratsbeamten und zwei Gesellschaftsdamen zu unserer Begleitung. Wir fuhren den ganzen Abend in beleuchteten Gondeln ähnlich jenen in Venedig umher und sahen dem Fischfang zu. Für Proviant und Erfrischungen war reichlich gesorgt, sogar ein Kistengrammophon nahmen wir mit ins Boot. Der Fang wird in der Weise betrieben, daß die Fischer mehrere Kormorane an Schnüren ins Wasser lassen und durch Feuer zahlreiche Fische anlocken. Hat ein Kormoran einen Fisch erbeutet, so zieht der Fischer den Vogel mit Hilfe der Schnur aus dem Wasser und schnürt ihm den Hals zu; auf diese Weise läßt der Vogel den Fisch aus dem Schnabel fallen. Bekanntlich sind die Kormorane auch in Österreich eingeführt worden und haben sich zu großen Fischschädlingen in den Donauauen entwickelt.

Von Gifu reiste ich dann nach Kobe, um dort dem Lande der aufgehenden Sonne den Rücken zu kehren. An einem schönen Tage schiffte ich mich in Kobe samt meinem Freunde und den Rädern wieder auf einem japanischen Schiff nach China ein. Obwohl uns als armen Reisenden fast sämtliche Schiffahrtslinien bedeutende Ermäßigungen eingeräumt hatten, mochte der japanische Unternehmer von den festgesetzten Preisen nicht abgehen und ließ mich Abenteurer den vollen Preis bezahlen!

Meine Ankunft in China war durch die Presse gemeldet worden, so daß mich im Hafen von Schanghai eine große Menge Volkes erwartete. An der Spitze die Führer der chinesischen Sportbewegung. Schanghai,

Chinesischer Einreisestempel mit der Weisung, Orte militärischer Operationen zu meiden

das „Paris des Ostens“, ist eine ganz moderne Stadt mit Wolkenkratzern, die Amerika in nichts nachstehen. Unweit davon einfache Lehmhütten der chinesischen Einwohner, die Chinesenstadt Tschapai.

In der Nanking Road von Schanghai, die kurz nach Sztavjaniks Besuch durch japanisches Geschützfeuer großen Schaden erlitt

Die Chinesen sind einfache, bescheidene, sehr freundliche und gutmütige Leute, deren Aufrichtigkeit vielen Völkern, insbesondere Japanern – ohne irgendwelche Vergleiche ziehen zu wollen – zur Lehrmeisterin dienen könnte. Die chinesischen Studenten waren uns gegenüber besonders freundlich und entgegenkommend, sie luden mich und meinen Freund ein, obwohl wir ihnen doch ganz fremde Leute waren. Die Chinesen bemühten sich, den schlechten Eindruck, den ihre Vorfahren im Jahre 1900 durch den Boxeraufstand in Amerika und Europa erweckt hatten, abzuschwächen und zu beweisen, daß China Europa keineswegs feindlich gesinnt ist und sich bemüht, den Europäern und Amerikanern in jeder Weise entgegenzukommen.

Während meines Aufenthaltes waren gerade die Kämpfe zwischen den Generalsarmeen im Gange, die in den ersten chinesisch-japanischen Krieg mündeten. Obwohl es uns wegen der ständigen Unruhen unmöglich gemacht war, Peking zu berühren, verschaffte ich mir immerhin ein Foto des berühmten Himmelstempels in Peking. Die Straßen sind in China durchwegs so, daß es mit dem Radfahren nicht gut bestellt ist. Der Bahnverkehr ist gut, allerdings werden Verspätungen nicht so genau genommen.

Auch in China ist der Reisbau die Hauptbeschäftigung der Bewohner, da der Reis das Hauptnahrungsmittel bildet. Das chinesische Volk ist sehr genügsam und arbeitsfreudig. Dieser spartanischen Erziehung verdankt es auch die Tüchtigkeit seiner von europäischen Instruktoren geführten Armee. Schanghai lag vor kurzem wieder im Geschützfeuer japanischer Artillerie, und in der Nankingroad, durch die ich einst mit meinem Rade fuhr, sank ein Haus nach dem andern in Schutt und Asche. Schwere Bombenangriffe beraubten Tausende von Chinesen ihrer bescheidenen Habe und vielfach ihres Lebens.

In Kanton gibt es Menschen, die in Wasserhäusern geboren werden und die auf dem Wasser leben und sterben. Hygiene ist auch dem Worte nach unbekannt. Man kann nicht sagen, daß England die hier von ihm verwalteten Distrikte höhergebracht hätte. Man findet unter den Einheimischen kaum welche, die die englischen Kaufleute schätzen, deren einziges Ziel das Geldverdienst ist.

Unsere Unterkunft war meist bei chinesischen Behörden. Allerdings mußten wir viel Proviant mit uns führen, denn sonst gab es nur Reis. Im Gegensatz von Japan kann man in China kaum von Straßen sprechen. Wir folgten lediglich Spuren. Auch die Verständigung mit der einheimischen Bevölkerung war schwer.

Damit die kämpfenden Truppen uns harmlosen Sportsleuten nichts Böses zufügten, stellte man uns einen sogenannten großen Erlaubnisschein aus, der uns gute Dienste leistete. Unsere chinesische Fahrt endete in Hongkong. Hier mußten wir die Landreise wegen der Unruhen abbrechen und schifften uns nach Singapore ein. Von Singapore machten wir einen kleinen Abstecher über die Meerenge nach Sumatra, machten dort eine Rundfahrt, dann gings mit Schiff direkt nach den

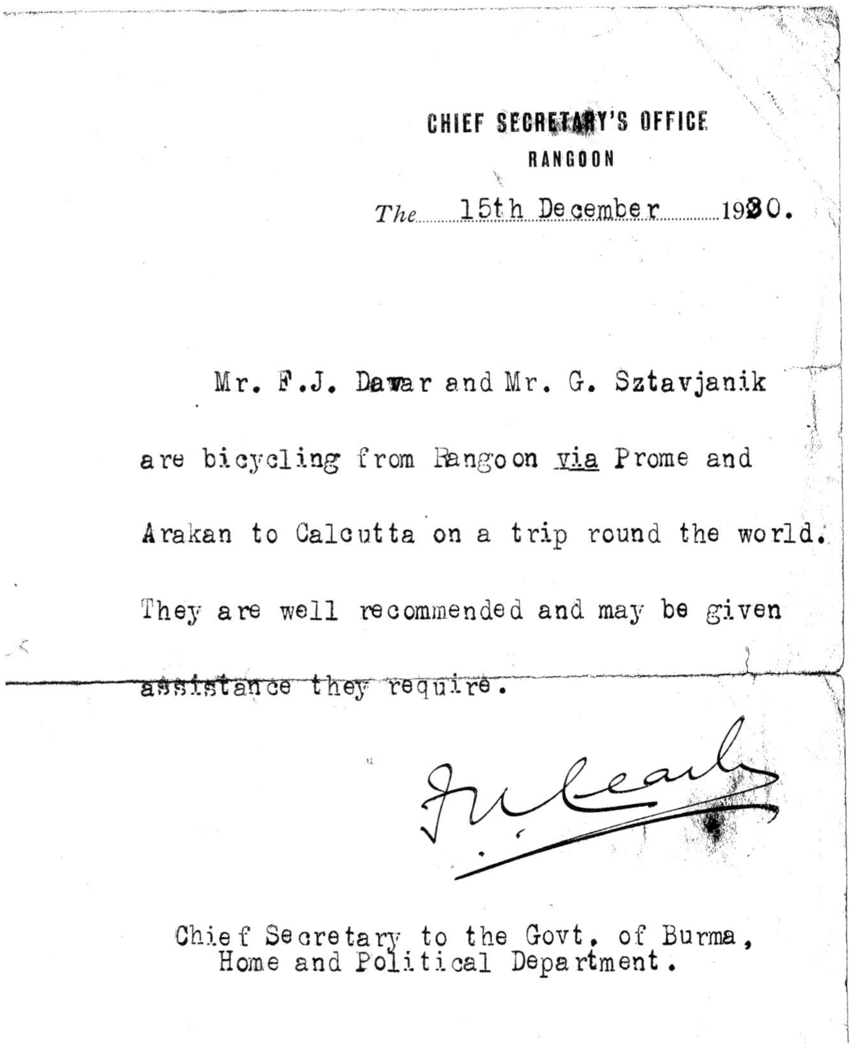

CHIEF SECRETARY'S OFFICE
RANGOON

The 15th December 1930.

Mr. F.J. Dawar and Mr. G. Sztavjanik are bicycling from Rangoon via Prome and Arakan to Calcutta on a trip round the world. They are well recommended and may be given assistance they require.

Chief Secretary to the Govt. of Burma,
Home and Political Department.

Empfehlungsschreiben der Regierung von Burma

Straits Settlements und dem Hafen von Penang. Penang ist wegen seiner Ananas berühmt, deren Genuß auch wir uns hingaben.

Von da radelten wir längs der malayischen Halbinsel bis nach Rangoon, der Hauptstadt Burmas. Die Straßen dieser englischen Kolonie waren mittelmäßig. Wir übernachteten in den Dakh Bungalows, die den Reisenden Unterkunft bieten. Unsere Nahrung bestand größtenteils aus Reis und Curry, der indischen Reiswürze, vor allem aus herrlichen Früchten. Rangoon ist eine Märchenstadt.

Der Weg führte uns dann weiter durch die Urwälder von Burma, wo wir ein besonderes Erlebnis hatten, das aber zum Glück noch gut ausging. Wir schlugen uns eines Tages früh einen schmalen Weg durch das dichte Astwerk des Waldes. Mühselig schoben wir unsere Räder durch das verfilzte Geranke der Sträucher und Bäume. Plötzlich standen wir einer Herde von Elefanten gegenüber. Wir waren nicht wenig erstaunt über diesen Anblick, aber auch der Schreck packte uns alsbald, denn es gab rundum keinen Fluchtweg, als eines der großen Tiere gerade auf uns zukam. Der mächtige Elefant stieß mich sehr unsanft zur Seite, so daß ich in eine schluchtartige Bodensenkung fiel. Abgesehen von dem Nervenschock trug ich eine Verwundung davon, konnte mich aber mit Hilfe meines Freundes weiterschleppen. Die Ausheilung im Krankenhause nahm beinahe einen Monat in Anspruch.

Die unangenehme Sache war jedoch bald vergessen, es folgte eine Zeit, die beinahe etwas Märchenhaftes für mich hatte: Die Reise durch Indien, durch das wunderbare Land orientalischer Pracht. Dadurch,

Festlicher Empfang in Kalkutta

Gruppenbild mit den Führern der Parsengemeinde von Kalkutta, unten beim Festmahl

Wohl nicht zuletzt aus Dankbarkeit für die gewährte Unterstützung der Reise durch Parsengemeinden und als Gegenleistung für die gewährte Gastfreundschaft schrieb Gustav Sztavjanik diesen Lobesartikel in einer indischen Zeitung.

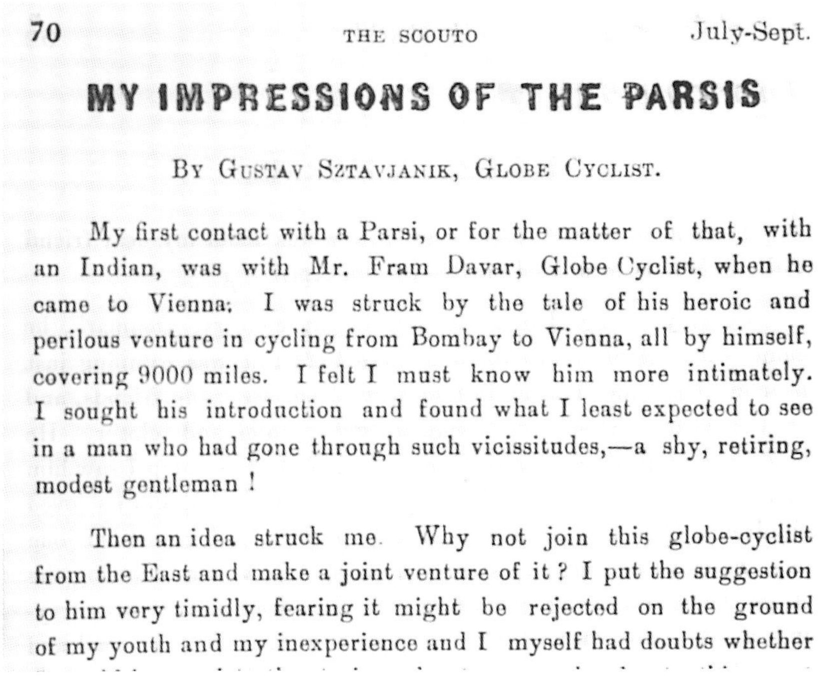

70 THE SCOUTO July-Sept.

MY IMPRESSIONS OF THE PARSIS

BY GUSTAV SZTAVJANIK, GLOBE CYCLIST.

My first contact with a Parsi, or for the matter of that, with an Indian, was with Mr. Fram Davar, Globe Cyclist, when he came to Vienna; I was struck by the tale of his heroic and perilous venture in cycling from Bombay to Vienna, all by himself, covering 9000 miles. I felt I must know him more intimately. I sought his introduction and found what I least expected to see in a man who had gone through such vicissitudes,—a shy, retiring, modest gentleman!

Then an idea struck me. Why not join this globe-cyclist from the East and make a joint venture of it? I put the suggestion to him very timidly, fearing it might be rejected on the ground of my youth and my inexperience and I myself had doubts whether

daß mein Begleiter indischer Abstammung war, fanden wir überall freundliche Aufnahme, selbst in die Paläste der indischen Fürsten hatten wir Zutritt.

Im Frühjahr 1930 erreichten wir endlich Kalkutta, die größte Stadt Vorderindiens an der Ostküste. Von Kalkutta fuhren wir nach Benares. Die Straßen waren hier sehr gut, und wir kamen rasch nach vorwärts. Unsere Tagesleistung betrug hier 90 bis 100 Kilometer, wobei wir in den Tropen die Früh- und Abendstunden für unsere Fahrt ausnützten. Alle Maharadschas haben an dem den Indern heiligen Fluß Ganges einen Palast oder ein Haus. Groß und von unglaublicher Schönheit sind die Bauten, zu deren Füßen der Ganges vorüberrauscht. Hier konnten wir auf den Stufen, die zu seinen Ufern hinunterführen, der Leichenverbrennung zusehen; die toten Hindus werden dort auf Scheiterhaufen gelegt und im Angesicht des breiten, stolzen Gangesflusses zu Asche verbrannt. Der sehnlichste Wunsch jedes Hindu ist, dort zu sterben und am Ufer verbrannt zu werden.

Die nächste wichtigere Station unser Indienfahrt war Agra, wo wir den weltbekannten Taj Mahal, das Mausoleum Schah Dschehans und seiner Frau, bewunderten, das ganze ist wirklich ein Traum in Marmor.

Wo die beiden hinkommen, gibt's ehrende Empfänge

Unsere Fahrt durch Vorderindien endete in Bombay, der Heimatstadt meines Freundes und Reisekameraden. In Bombay leben allein 50.000 Parsen, die einen gewissen Stolz empfanden, uns als Gastgeber und Führer dienen zu können. Wir haben überhaupt in ganz Indien unzählige Leute angetroffen, wir haben mit ihnen Feste gefeiert, die sie uns zu Ehren gaben, und es war rührend, wie sie sich bemühten, uns den Aufenthalt bei ihnen so schön als nur möglich zu gestalten.

Der Reichtum und die Pracht in den Palästen der indischen Fürsten ist oft beschrieben worden, trotzdem ist jeder neue Besucher geblendet.

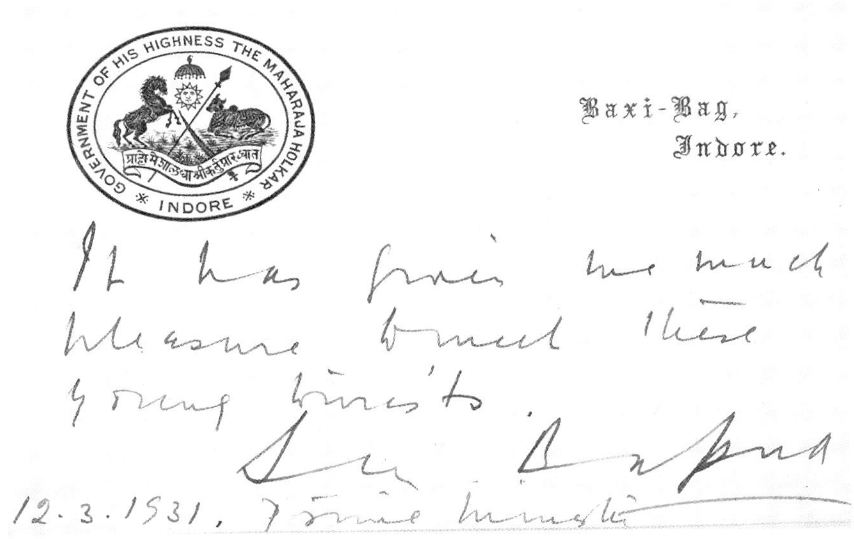

Signierte Visitkarte des Maharadschas von Indore

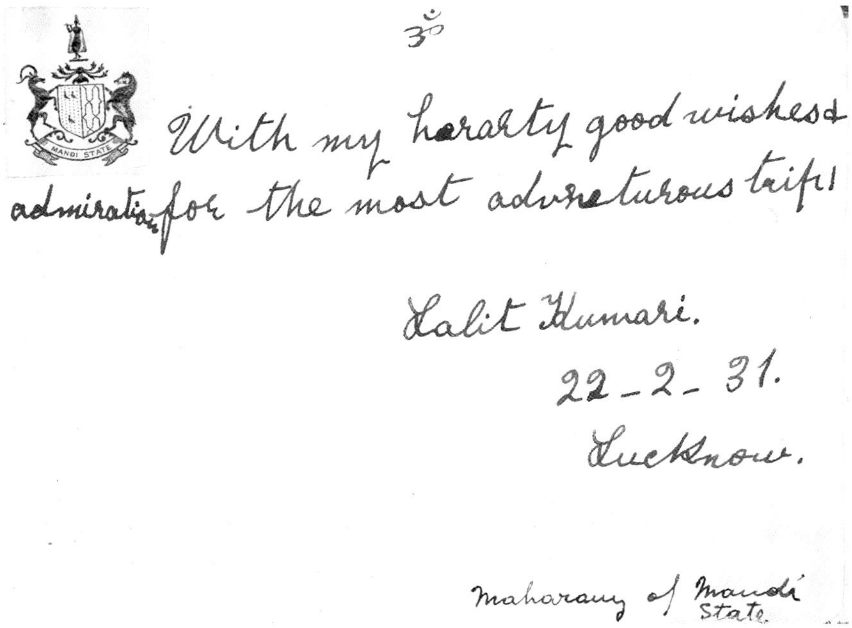

Grußkarte der Maharani von Mandi

Einer der reichsten unter den einheimischen Fürsten ist der Maharadscha von Gwalior, der gegen 200 Automobile besitzt, unter denen sämtliche Marken der Welt vertreten sind. Die Räume seiner Residenz strotzen von Gold und Edelsteinen, Marmor und kostbaren Teppichen,

Zu den in Indien besuchten Persönlichkeiten gehört neben Gandhi auch dessen Vertrauter und spätere Ministerpräsident Nehru

Den Werbeprospekt gibt's jetzt auch auf Hindi.

im Speisesaal läuft eine goldene Eisenbahn mit elektrischem Betriebe rings um den Tisch, die die Speisen von einem Gast zum anderen bringt und durch einen Druck auf eine Taste so lange zum Stehen gebracht wird, bis der Gast seinen Teller mit den erwählten Speisen gefüllt hat.

Und daneben lebt ein Elend, das uns unbekannt und unvorstellbar ist, das in alle Schichten, Rassen und Sekten hineinragt. Soziale Einrichtungen sind nicht einmal im Werden, denn über diesem trotz der teilweise sichtbaren Armut reichen Lande thront als Herrenvolk die englische Beamten- und Militärkaste.

Überall in Indien wurden wir sehr freundlich empfangen und sahen viel Interessantes und Lehrreiches, mir entstieg manche politische Wahrheit aus einem Gespräche, das uns Mahatma Gandhi gab, der Mann, der die nach Freiheit strebende Seele des Inders verkörpert.

Der Empfang in Davars Heimatstadt Bombay

Bei Davars Familie

Das Interesse der Medien

Reisen: wie sehr hat sich dieser Begriff im Lauf der Zeit verändert. Reisen war Abenteuer, war Erforschen von Neuem, war immer mit Risiko, mit mehr oder weniger Gefahr und mit viel Zeit verbunden. Egal ob es sich um Entdeckungsreisen in entlegene Gebiete und unerforschte Regionen, in arktische Kälte und in die Hitze der Tropen, in die Wüsten und Urwälder, auf die Gipfel der Berge und in die Weiten der Ozeane gehandelt hatte oder um die mit großem Gefolge unternommenen Lustreisen der Reichen und Mächtigen.

Erst der Massentourismus unserer Tage hat die Vorzeichen verändert: Die Entfernungen sind geschrumpft, die Welt ist scheinbar kleiner geworden, die Zeit dafür immer kostbarer. Risikobereitschaft und Lust an der Entdeckung von Unbekanntem sind weniger gefragt: Die exotische Umgebung wird heute meist nur dann akzeptiert, wenn der gewohnte Komfort von zu Hause vorhanden ist. Geld ist nicht das Problem.

Für Gustav Sztavjanik stellte sich die Sache ganz anders dar: Geld hatte er keines, dafür um so mehr Zeit. Für ihn als Arbeitslosen waren Urlaubszeiten irrelevant. Die Weltreise dauerte, so lang sie eben dauerte, ohne Begrenzung durch Termine und Verpflichtungen in der Heimat. Ob er bei seiner Abreise wußte, worauf er sich einließ? Wieviel wußte damals ein Siebzehnjähriger von der Welt? Nicht viel mehr als das, was er im Schulunterricht gelernt und vielleicht in Büchern oder Zeitschriften gelesen hatte. Über die scheinbare Vertrautheit mit fremden Ländern und Zivilisationen, die heute durch das Fernsehen suggeriert wird, konnte er nicht verfügen.

Die Zeit der zwanziger und dreißiger Jahre war außerdem geradezu prädestiniert für Abenteuer- und Entdeckungsreisen. Galt es doch einerseits, die letzten weißen Flecken auf der Landkarte zu erkunden, und andererseits die noch relativ neuen Technologien der Fortbewegung – Automobil, Motorrad, Flugzeug – auf ihren Dauereinsatz und ihre Geschwindigkeit hin auszutesten. Selbst auf die Idee einer Weltumrundung per Fahrrad hatten Davar und Sztavjanik keinen Exklusivitätsanspruch. Das *Sport-Tagblatt*, das am 7. Mai 1927 über die erfolgreiche Saharadurchquerung der beiden berichtet, schreibt unter anderem: „Unter den vielen Weltrundfahrten, die von Radfahrern in der Nachkriegszeit unternommen wurden, verdient die des kaum siebzehnjährigen Wieners die meiste Beachtung, um so mehr, als er seine Fahrt in seriöser Weise absolviert und auch aus diesem Grunde bei allen Behörden und großen sportlichen Korporationen die weitestgehende Förderung findet."

Die Medien – damals in erster Linie Zeitungen, aber auch schon das Radio – stürzten sich mit Begeisterung auf Sensationen solcher Art und berichteten prompt und ausführlich. So auch über Davars und Sztavjaniks Weltreise. Die beiden verstanden es auch, ihr Abenteuer medienwirksam zu vermarkten, suchten Redaktionen auf, wiesen ihre Autogramme und Bestätigungen vor und erzählten von ihren Abenteuern.

Noch bevor sich Gustav Sztavjanik dem Parsen Davar anschloß, berichteten Wiener Zeitungen über dessen bisherigen Reiseverlauf. Das *Sport-Tagblatt* vom 4. November 1924 schrieb: „Er ist im Jänner aus seiner Vaterstadt abgereist, hat Afghanistan passiert, wo ihm die dortige Bevölkerung einige Schwierigkeiten bereitete, kam nach Persien, wo er sein Rad zeitweilig durch den Sand tragen mußte, hielt sich in Tiflis in Georgien auf, das heißt, er wurde dort aufgehalten, weil ihn die

So sah eine westafrikanische Zeitung das Radabenteuer des Inders und des Wieners (in ein liniertes Heft geklebter Zeitungsausschnitt)

Weiteres Beispiel dafür, wie Gustav Sztavjanik das Zeitungsmaterial zusammenschnitt und einklebte

Sowjetbehörden für einen Spion hielten. Man nahm ihm seinen Revolver und seinen Photographenapparat ab, wurde aber dann um so liebenswürdiger, als sich seine Unbedenklichkeit herausstellte. Er radelte über Bakum, Konstantinopel, Adrianopel, Sofia, wo ihn der König von Bulgarien empfing, Belgrad, Triest und Tarvis bis nach Wien. Hier bleibt er ein paar Tage, um sich auszurasten und seine Fahrtausweise bestätigen zu lassen, und dann setzt er seine Fahrt nach Frankreich, England, Amerika, Japan, China bis in seine Heimat fort." In Wien, so meldete die Zeitung weiter, habe er bei Herrn Sztavjanik gastfreundliche Aufnahme gefunden.

Von da an wurde die Reise zu zweit fortgesetzt. Nicht nur die örtlichen Medien berichteten ausführlich, regelmäßige Nachrichten nach Wien hielten auch die dortigen Redaktionen auf dem laufenden. Informiert vom Niederösterreichischen Radfahrerverband, dessen Mitglied Sztavjanik war, berichteten etwa im Mai 1927 gleich mehrere Wiener Zeitungen von der erfolgreichen ersten Saharadurchquerung per Rad. Allerdings verläuft die Grenze zwischen Dichtung und Wahrheit fließend, denn während Sztavjanik später in seinen eigenen Reisebeschreibungen erzählt, er sei von Marseille per Schiff nach Algier gereist, berichten die Zeitungen von Routen über Polen, Rußland, Rumänien, die Türkei, Palästina, Ägypten und Tunis nach Algier. Ob die Phantasie mit den Journalisten durchgegangen war, ob da einiges mit Davars Reise von Indien bis Wien verwechselt wurde – oder ob Gustav Sztavjanik in seinen brieflichen Berichten an seinen Freund Felix Jistel, den Präsidenten des Niederösterreichischen Radfahrerbundes, ein paar Fakten dazuerfunden hat, läßt sich nicht mehr feststellen.

Die Publicity-Maschinerie funktionierte jedenfalls, und Davars Kontakte reichten weit. Von der Saharadurchquerung berichteten Zeitungen in fast aller Welt. Nach ihrer Ankunft in Brasilien stieg auch dort die lokale, nationale und internationale Presse in das Thema ein: *The Brasilian-American*, die *Deutsche Rio Zeitung*, *O-Brasil*, *Journal do Brasil*, *O-Global*, *Diario Popular*, *Der Kompass* und wie sie alle hießen. Man verglich die beiden Weltenradler sogar mit Jules Verne. In keiner Stadt versäumten es die beiden, die Zeitungsredaktionen aufzusuchen: Sao Paolo, Curitiba, Porto Alegre, Montevideo, schließlich Buenos Aires, Mendoza und so weiter. *La Novela Semanal* widmete ihnen am 7. November 1927 fast zwei Seiten, illustriert mit Portraitfotos – elegant

直下げに先立ち 町村營の診療所
『醫者が高い』に高まる新傾向
府も醫師會に勸告
町内の醫師も共同責任で
面白い代々幡の試み
アルプスの猛者 重傷を負ふ
小槍で絶壁から墜落

Viele der Zeitungsausschnitte in Sztavjaniks Mappen, Alben und Heften sind für den normal Sterblichen nicht zu entziffern.

本坡新聞

破天荒！壯遊

一印人一德人
自由車長途旅行
經時五年又六個月
經歷四十四國
八次捲入沙漠暴風中
森林中步行九月餘不見人煙
得見世人所未見之奇禽異獸

本報記者攝影

gekleidet mit Knickerbocker, Sakko und Krawatte –, der Reiseskizze und Erinnerungsfotos aus Afrika.

Einem Artikel des deutschsprachigen *Argentinischen Tagblattes* ist zu entnehmen, daß Davar und Sztavjanik ihre Autographen- und Stempelsammlung sowie zwei Bände mit Zeitungsausschnitten mit sich führten. Bis Mendoza zehrten sie von den afrikanischen Abenteuern, dann begann der Aufstieg in die Anden, und die nächsten Berichte erschienen erst wieder in Santiago de Chile. Und da wurde die sportliche Leistung der Hochgebirgstour noch übertroffen vom Radfahrertriumph, den Sztavjanik beim 24-Stunden-Rennen von Santiago für sich verbuchen konnte: Ende Dezember 1927 berichteten wahrscheinlich so gut wie alle Zeitungen in Santiago de Chile über das sportliche Ereignis und den Sieg des Außenseiters. Noch an weiteren Wettkämpfen in Santiago und Valparaiso beteiligte sich Sztavjanik, wie den Medienberichten zu entnehmen ist, bevor die Reise im März 1928 weiterging, in den Norden Chiles und von Arica wieder über die Anden nach Bolivien und Peru. Eine Zeitung in Huancabamba berichtete am 18. Dezember 1928 erstmals von dem Plan der beiden, das Amazonasgebiet zu erforschen. Es sollte der abenteuerlichste und ab der Ankunft in New York dementsprechend meistpublizierte Abschnitt der Reise werden.

„Correio do Povo" Brasilien, Porto Alegre 7. August 1927

"Um raid" ao redor do mundo

Dois excursionistas, em bicycleta, estão tentando com grande felicidade, esta difficilima prova

Os paizes percorridos—Peripecias—Os attestados das localidades por onde passam

Chegaram, hontem, a esta capital, vindos de Caxias, os "raidmen" srs. F. J. Davar, Parsi em Bombaim, India, e Gustav Sztavjanik, que, em bicycleta, estão fazendo uma viagem ao redor do mundo.

O primeiro dos excursionistas partiu de Bombaim em 24 de janeiro de 1924, tendo percorrido, sozinho, o Afganistan, a Persia, o Caucaso e, chegando á Europa, em Vienna, no dia 19 de Novembro do mesmo anno encontrou aquel-

Guiné franceza, Sudan, Senegambia, Senegal e, por fim, Dakar, onde embarcaram para o Rio de Janeiro.

Durante a longa e penosa travessia do deserto do Sahara, estes "raidmen" tiveram o auxilio do governo inglez, que lhes forneceu camellos e outras cousas indispensaveis.

Desembarcaram no Rio de Janeiro no dia 11 de maio do corrente anno e no dia 23 do mesmo mez partiram para São Paulo, utilisando-se, para isso, de suas bicycletas, onde

"The Milwaukee Journal" U.S.A. Milwaukee, Thursday, May 1, 1930

—Journal Staff Photo

Wheeling Around the World

The two men shown with the bicycles in the above pictures arrived in Milwaukee Wednesday from Chicago on a six-year cycling journey around the world. At the left is F. J. Davar, 30, and at the right Gustave

Am 5. Mai 1929 erschien ein großer Artikel im *Sonntagsblatt*, einer Beilage zu den deutschsprachigen Medien *New Yorker Staats-Zeitung* und *New Yorker Herold*, in dem über die gesamte Weltreise, vor allem aber über die Durchquerung der Urwälder am Amazonas berichtet wurde. „Es war die schlimmste Strecke", werden Davar und Sztavjanik zitiert.

Zeitungsberichte aus Philadelphia, Baltimore, Pittsburgh, Cleveland, Detroit, Chicago, Michigan, Washington, Milwaukee, St. Louis, Kansas City, Salt Lake City, Sacramento, San Francisco und Los Angeles dokumentieren den weiteren Reiseverlauf. Die Daten weichen allerdings von Sztavjaniks Chronologie der USA-Durchquerung ab. Die beiden Weltenbummler sammelten jedenfalls akribisch die erschienenen Artikel, die einander bis ins Detail ähnelten. Vor allem soweit sie die Andenüberquerung betreffen, denn dafür war vermutlich Davars in New York erschienenes Buch die Vorlage. Auch internationale Nachrichtenagenturen machten mit. Associated Press zum Beispiel gab im Juni 1930 die Nachricht von der Ankunft der beiden in San Francisco und von den wichtigsten bisherigen Stationen ihrer Reise heraus.

Von Anfang August sind die ersten Zeitungsberichte aus Japan datiert – Sztavjanik geht in seinen Berichten ausführlich auf den Presserummel ein –, japanische und englischsprachige Zeitungen wie *The Japan Times* in Tokio, *The Osaka Mainichi* oder *The Japan Chronicle* in

Kobe berichteten mit Text und Bild: Davar und Sztavjanik bei ihrer Ankunft, mit ihren Fahrzeugen posierend, bei offiziellen Begrüßungen und Empfängen, vor den Sehenswürdigkeiten des Landes. Manches Bild ließ sich der umschwärmte Wiener schenken, es zierte von nun an seine Alben.

In China, in Hongkong, auf der malaiischen Halbinsel, die sie bis Singapur entdeckten, in Burma und schließlich in Indien: überall gab es damals englischsprachige Zeitungen, anhand derer sich das mediale Echo nachvollziehen läßt – das dicke Buch mit den gesammelten Zeitungsausschnitten enthält natürlich auch alle anderen in den jeweiligen Landessprachen. Faszinierend ist, wie korrekt – mit wenigen Ausnahmen – selbst in Rangun oder Chittagong der sogar hierzulande komplizierte Name Sztavjanik wiedergegeben wird.

Je mehr sie sich Davars Heimat Indien näherten, desto ausführlicher berichtete die Presse. Im Jänner, Februar und März 1931 füllten die Berichte über Davar und Sztavjanik in Kalkutta, Allahabad und schließlich in Bombay ganze Seiten von englischsprachigen Zeitungen und natürlich auch von den vielen indischen Periodika, deren pittoreskes Schriftbild für Nichteingeweihte aber nicht zu entziffern ist.

Überwältigend muß vor allem der Empfang in Davars Heimatstadt Bombay gewesen sein: Vergleiche mit Odysseus, Marco Polo und Jules Vernes Phileas Fogg wurden angestellt, eine Willkommensadresse der „12th Bombay Boy Scout Troup“ für ihren „Chief Scout Master“ F. J. Davar und eine Unzahl von Einladungskarten zu offiziellen und privaten Festivitäten erinnern an den Berühmtheitsgrad, den Davar und Sztavjanik in Bombay für ein paar Monate genossen. Im Opernhaus von Bombay berichteten sie von ihren Abenteuern, zeigten Dias und verschiedene mitgebrachte Souvenirs, und, so weiß die *Times of India* zu berichten, Gustav Sztavjanik wurde sogar überredet, zwei Lieder auf deutsch zu singen.

Mit den Berichten aus Indien endet die Sammlung an Manuskripten und Zeitungsausschnitten. Die folgende über 10.000 Kilometer lange Strecke wird nur in drei Zeilen beschrieben: „Unser Reiseweg verlief nun von Bombay bis Aden, längs der Westküste Arabiens bis zum Suezkanal, und dann wurde wieder das Schiff unser Fahrzeug, das uns nach Italien brachte.“ Dann geht es weiter mit einem Band, der Artikel über die Ankunft in Wien enthält.

Die Heimkehr und ein Interview

Nun ließen wir es genug sein, es zog uns wieder nach Wien, und wir bestiegen unsere Räder, um den allerletzten Teil auch noch durchzuradeln. Von Triest legten wir die letzte Etappe zurück und kamen am 11. Oktober in der Heimat an. Bereits in Traiskirchen wurden wir von den Wiener Radfahr-Vereinen erwartet, sie geleiteten uns im Triumph nach Wien, wo uns ungefähr 20.000 Menschen auf der Boschberghöhe begrüßten.

Unsere Reise hatte sieben Jahre gedauert, wir haben in ihrem Verlaufe Leute und Land in allen Himmelsstrichen kennengelernt, konnten die schönsten Städte der Welt bewundern und haben die furchtbarsten

Bilder vom festlichen Empfang der Weltumrunder auf der Boschberghöhe in Wien-Favoriten. Unten in der Mitte neben Sztavjanik dessen überglückliche Mutter. Zweiter von rechts (mit Blumen) sein Freund Davar

7 Groschen für die österr. Republik

Illustrierte

Kronen Zeitung

40 Heller tschechoslow. Währ. f. d. tschechoslow. Republik

32. Jahrgang. Druck, Verlag, Eigentum und Herausgabe G. Davis & Co., Wien, IX., Pramergasse 28. Verantwortlicher Schriftleiter: Emil Weiwart, Wien IX. Türkenstraße 9. Nr. 11.386.

Post-Abonnement für die österreichische Republik 1 Monat 2 Schilling 30 Groschen Postspark. Wien: Konto-Nr. 51755.

Wien, Samstag den 3. Oktober 1931. Redaktion und Administration: Wien, IX., Pramergasse 28. Tel. A-13-5-25. Ab 9 Uhr abends: Tel. A-13-5-26 u. A-13-5-27. Nach Mitternacht: Tel. A-13-5-28. Stadtbureau: I., Schulerstr. 19. Tel. R-27-2-36.

Post-Abonnement für die tschechoslow. Republik 1 Monat K č 11.—, 3 Monate K č 33.— Postspark. Prag: Konto-Nr. 51755.

Von Wien auf dem Umweg über den Erdball nach Wien.

Die Weltreise eines Bankbeamten. — Heimkehr nach sieben Jahren. — Mehr als 100.000 Kilometer auf dem Fahrrad zurückgelegt.

Gustav Sztavjanik und F. J. Davar.

Den Plan zu einer Weltreise fassen viele, denen es in der Heimat nicht mehr gefällt. Die meisten dieser Pläne nehmen nur allzu bald ein trauriges Ende. Ein paar Tage wandert so ein „Globetrotter" fesch und munter dahin, dann aber kommen die Enttäuschungen. Viele, allzu viele gibt es, die nach einer kurzen Reise entmutigt umkehren und dann heimkommen, ärmer als sie je vorher waren.

Es gehört eine gute Portion Energie dazu, um alle die Mühen und Entbehrungen zu ertragen, denen ein armer Weltreisender ausgesetzt ist. Ein junger Wiener, der ehemalige Bankbeamte **Gustav Sztavjanik**, hat diese Energie aufgebracht. Als er vor sieben Jahren abgebaut wurde, überlegte er nicht lange, er setzte sich auf sein Rad und unternahm eine

haben in Amerika an großen Straßenrennen teilgenommen und mehrmals schöne Preise gewonnen.

Ueber den Stillen Ozean ging die Reise von San-Francisco aus weiter nach Japan, dann radelten die beiden Nimmermüden über China und Hinterindien nach Bombay, wo Davar von seinen Landsleuten besonders gefeiert wurde.

Nun ist Sztavjanik auf dem Wege nach Wien. Der Wiener Radler, der

auf ein- und demselben Fahrrad in den sieben Wanderjahren weit über 100.000 Kilometer zurückgelegt

hat, kommt aus der Richtung Triest. In Wien wird er am 11. Oktober eintreffen. Als er vor sieben Jahren Wien verließ, startete er von

Mittwoch, 7. Oktober — Wiener Mittags-Zeitung

Ankunft des Rad-Weltreisenden Gustav Sztavjanik

Am Sonntag, den 11. d. M., trifft der Rad-Weltreisende Gustav Sztavjanik in Wien ein und wird der Oesterreichische Radfahrer-Bund den Wiener Radfahrer bei seinem Eintreffen an der Stadtgrenze erwarten und begrüßen.

Sztavjanik, der diese Reise am 2. April 1928 von Wien aus angetreten hat, hat auf seiner Tour sämtliche Erdteile der Welt durchfahren und überall die beste Aufnahme gefunden. Nun hat, wie bereits gemeldet, Sztavjanik die Welreise glücklich beendet. Die offizielle Ankunft erfolgt diesen Sonntag um 10 Uhr vormittags auf der Boschberghöhe (Laxenburger Allee), Kilometerstein 3. Der Oesterreichische Radfahrer-Bund ersucht Radfahrer und Radsportfreunde, möglichst zahlreich zu erscheinen. Nichtradfahrer erreichen den Ankunftsort mit der Straßenbahnlinie 66. Von der Endstation sind noch zirka zehn Minuten bis zum Kilometerstein 3.

Mitglieder von Wiener Radfahrervereinen fahren dem Weltreisenden bis Traiskirchen entgegen und begleiten ihn sodann nach Wien.

Auf dem Fahrrad um die Welt.

Von einem gelegentlichen Korrespondenten.

Der Reiserekord des Jules Verneschen Romanhelden Phileas Fogg in der „Reise um die Welt in 80 Tagen", ursprünglich eine vorausahnende Zukunftsphantasie des Dichters, ist bekanntlich von der Entwicklung unserer Bewegungsmittel längst überholt worden. In unseren Tagen der Blitzzüge, Turbinendampfer, Automobile und Aeroplane berechnen sich Weltdistanzen bekanntlich in ganz anderen,

Strapazen im Wüstensand und im Urwalde durchgehalten. Ich hatte Gelegenheit, viele Erdteile und Länder kennenzulernen, mich in die Sitten fremder Länder einzuleben und die Gebräuche fremder, außereuropäischer Völker zu studieren. Vom nördlichen Polarkreis bis in die glutheißen Gebiete der Sahara und in die grüne Hölle des Amazonen-

Einiges vom Wiener Presse-Echo auf die Rückkehr

Preis 22 Groschen

Wiener Neueste Nachrichten

Mit der illustrierten Wochenbeilage

7. Jahrgang 1931, Nr. 214

Auf dem Fahrrad um die Welt

Was es in der Sahara und bei den Kopfjägern Neues gibt — Der Wiener Szlavjanik nach sieben Jahren heimgekehrt

Der 17jährige Bankangestellte Gustav Szlavjanik ging Ende Oktober 1924 gelangweilt durch die Gumpendorferstraße. Obwohl er mit einem reichlichen Maß Liebe zu seiner Heimatstadt Wien ausgestattet war, wollte er die große Welt sehen. …

… gekommen ist oder auf Altperser zurückläuft. Die Vorträge brachten den beiden Radfahrern Geld für Jagdausrüstung. Einmal schossen sie sogar eine Löwin, nahmen ihre winzigen zwei Jungen mit, verkauften sie aber um …

Wiener Mittags-Zeitung

Wien, 1931 Montag 12 Oktober

Im redaktionellen Teil enthaltene **entgeltliche** Mitteilungen sind durch ein E gekennzeichnet

Redaktion und Administration: Lerchenfelderstraße 1, Tel. B 38-5-80 Serie. Inseraten-Aufnahme: I. Schulerstraße 14, Tel. R 27-500

12-Uhr-Blatt der „Wr. Allgemeinen …"

Die Weltbummler auf dem Fahrrad. Der Wiener Gustav Stavjanik und sein …, der Parse Davar, absolvieren eine Ehrenrunde auf der Stadion-Radbahn.

(Erdbebenereignisse in Peru.) Aus Lima in Peru kamen in den letzten Tagen Meldungen über große Erdbeben. Der Weltreisende … Gustav Szlavjanik schreibt uns aus diesem Anlaß: „Lima, die einstige Hauptstadt von Südamerika, 1535 gegründet, ist heute eine Mischung von altspanischen …

Der Kuckuck

3. Jahr ✦ Nr. 42

18. Oktober 1931

stromes führte mich mein Weg. Von der Nordsee zum Stillen Ozean und wieder zurück zum Mittelmeer.

Wir haben 47 Länder besucht, sind dabei aber nicht nur bekannte Wege gefahren, sondern wir wählten auch unwirtliche und unerforschte Gegenden, um Neues zu sehen und zu erleben und im bescheidenen

Maße auch an geographischer Forschung beizutragen. Wir waren die ersten, die die Sahara mit dem Fahrrade durchkreuzten, bereisten das bereits unbekannte Quellgebiet des Amazonenstroms, folgten ihm dann in seinem ganzen Laufe und bewältigten die Kette der Anden in Südamerika. Wir sahen viel Neuartiges, Schönes aber auch Schreckliches, durchlebten schaurige Stunden im Bereiche der Kopfjäger und konnten einigemale dankbar sein, durch Geistesgegenwart und Gewandtheit drohender Gefahr entgangen zu sein.

Es war uns gegönnt, mit den höchstgestellten Persönlichkeiten in Berührung zu kommen, Könige, Staatspräsidenten, Maharadschas, ja sogar der Präsident der Vereinigten Staaten empfing uns, und Mahatma Gandhi begrüßte uns in Indien. Viele Ministerpräsidenten und andere hohe Persönlichkeiten ebneten uns den Weg. Man war an diesen Stellen immer bestrebt, uns zu helfen. Berühmte Forscher wie Amundsen, Byrd, Sven Hedin, Sportgrößen und Filmstars nahmen uns liebenswürdig auf und freuten sich herzlichst über das Gelingen unserer Leistung. Ihre Unterschriften in meinem Reisebuche werden mir kostbare Erinnerung an unsere Weltreise bleiben.

Auch unserer braven Stahlrösser sei wieder gedacht, dieser billigsten aller Reisefahrzeuge, die uns in die weite Welt trugen und rückbrachten und die man in Wahrheit als treue Kameraden bezeichnen kann. Mein Rad genießt jetzt die wohlverdiente Ruhe und wird vielleicht einmal im Museum enden. Die große weite Welt war schön, sehr schön, aber ich freue mich auch wieder, in Wien zu sein, denn die Heimatstadt ist und bleibt für jeden die schönste Stadt der Welt.

*

Kaum zurück von der langen Reise, wird Gustav Sztavjanik schon am 10. November 1931 in die RAVAG zu einem Radio-Dialog eingeladen, um über seine Abenteuer zu berichten. „Radio Wien“, die Programmzeitung (8. Jahrg., Heft 6, Seite 11), berichtet:

„Zum Gespräch mit Gustav Sztavjanik am Dienstag, 10. November: Ein Wiener, Gustav Sztavjanik, lernte in Wien den Parsen F. J. Davar aus Bombay kennen. Die beiden entschlossen sich zu einer Reise um die Welt, die mit dem Fahrrad unternommen werden sollte. Sieben Jahre dauerte die Fahrt, die vier Kontinente und 47 Länder berührte. Den

Radio Wien berichtete nicht nur über Äther

Radio-Wien bringt: Seite

RADIO WIEN

Radio-Wien bringt: Seite

ILLUSTRIERTE WOCHENSCHRIFT DER ÖSTERR. RADIOVERKEHRS-A. G.

8. JAHRGANG — **WIEN, AM 6. NOVEMBER 1931** — NUMMER 6

Schriftleitung: Wien, I., Johannesgasse 4 b; Tel. R 20-5-35 — Verwaltung: Wien: I., Himmelpfortgasse 25; Tel. R 26-5-55
Postsparkassenkonto: „Österr. Creditinstitut für öffentliche Unternehmungen und Arbeiten; Konto Ravag Wien"
Die durch ein vorangesetztes E gekennzeichneten Mitteilungen sind entgeltliche Anzeigen
Erscheint jeden Freitag — Bezugsbeginn jeden Monat — Die Bezugsbedingungen befinden sich im Innern des Blattes

MIT DEM FAHRRAD UM DIE WELT

Zum Gespräch mit Gustav Sztavjanik am Dienstag, 10. November

Ein Wiener, Gustav Sztavjanik, lernte in Wien den Parsen F. J. Darvar aus Bombay kennen. Die beiden entschlossen sich zu einer Reise um die Welt, die mit dem Fahrrad unternommen werden sollte. Sieben Jahre dauerte die Fahrt, die vier Kontinente und 47 Länder berührte. Den beiden Reisenden ist es als ersten gelungen, die Wüste Sahara auf dem Fahrrad zu durchqueren, wozu sie allein fünf Monate und zwölf Tage brauchten. Ebenso gelang es ihnen als ersten, mit dem Fahrrad das ganze Amazonengebiet zu durchreisen und die Andenkette zu überklettern. Insgesamt legten sie 110.000 Kilometer zurück, also nahezu die dreifache Strecke des Äquatorumfanges. Gustav Sztavjanik, der heute im Alter von 24 Jahren steht und erst vor kurzem von seiner Weltreise zurückgekehrt ist, wird von seinen Abenteuern erzählen.

2

3

1. Ankunft in Bombay (Indien). Der Bürgermeister begrüßt die mit Blumenketten geschmückten Weltreisenden auf der Maidan-Esplanade
2. Ankunft in Poona (Indien). Die parsische Bevölkerung begrüßt die beiden Reisenden
3. Vor der Riesenstatue des Buddha in Kamakura (Japan). Die Statue wurde im Jahre 1252 errichtet. Ihre Höhe beträgt 15 m
4. In Japan. Interview mit dem Schriftleiter einer Zeitschrift in Osaka
5. Im Gebiet des Amazonas. Jagdtrophäen. An der Wand sind die Häute von zwei Panthern und zwei Riesenschlangen zum Trocknen aufgespannt.

Die Originalaufnahmen wurden vom Vortragenden zur Verfügung gestellt

4

5

beiden Reisenden ist es als ersten gelungen, die Wüste Sahara auf dem Fahrrad zu durchqueren, wozu sie allein fünf Monate und zwölf Tage brauchten. Ebenso gelang es ihnen als ersten, mit dem Fahrrad das ganze Amazonengebiet zu durchreisen und die Andenkette zu überklettern. Insgesamt legten sie 110.000 Kilometer zurück, also nahezu die dreifache Strecke des Äquatorumfanges. Gustav Sztavjanik, der heute im Alter von 24 Jahren steht und erst vor kurzem von seiner Weltreise zurückgekehrt ist, wird von seinen Abenteuern erzählen."

*

Ein Studiointerview fürs Radio ist 1931 eine Sache, die wohl vorbereitet sein will. Der Reporter überläßt nichts dem Zufall, schließlich soll die ganze Dramatik der geschilderten Ereignisse entsprechend vermittelt werden, auch wenn sich der Fragende noch so weltgewandt-lakonisch, der Befragte noch so lässig gibt. Der technische Aufwand könnte doch dazu führen, daß das eine oder andere Detail vergessen wird. Also wird ein Manuskript geschrieben: „Radio-Dialog über die Weltreise mit dem Fahrrad des Herrn Gustav Sztavjanik", Frage und Antwort perfekt vorbereitet:

– Am 11. Oktober sind Sie von Ihrer Weltreise mit dem Fahrrad zurückgekommen, nicht wahr, Herr Sztavjanik? –

Ja, nach fast sieben Jahren des Umherziehens in allen Erdteilen sind wir endlich wieder in meine Vaterstadt zurückgekehrt, reich an schönen Erlebnissen, aber auch an bestandenen Abenteuern, von denen ein unter gewöhnlichen Umständen Reisender keine Ahnung hat.

Die Radiohörer erfahren nun jene Anekdote von der schicksalhaften Begegnung mit dem Inder Davar in der Wiener Gumpendorfer Straße, die zum Ausgangspunkt der Weltreise und zur Standardeinleitung aller Berichte, Artikel und Vorträge wird, in denen Sztavjanik seine Erlebnisse Revue passieren läßt. Aber so einfach kann die Sache nicht sein, auch dem Radioreporter reicht die Geschichte nicht als Motivation für ein dermaßen einzigartiges Abenteuer aus:

– Dieser Inder wurde also dann Ihr Begleiter während Ihrer Weltreise, aber Sie waren offenbar begeisterter Radfahrer, da Sie sich dieses Bewegungsmittel für Ihre Fahrt aussuchten. –

Ja, ich bin seit meiner Kindheit begeisterter Radfahrer und habe mich später auch an sportlichen Konkurrenzen beteiligt. Wir sind am 19. November des Jahres 24 von Wien weggefahren, um zuerst Europa zu bereisen und dann auch die anderen Kontinente zu besuchen.

– Aber Sie waren doch damals erst 17 Jahre alt; hat Sie denn Ihre Familie, Ihre Mutter und Ihre Geschwister so ohne weiteres wegfahren lassen? –

Es hat wohl anfangs genug Überredung gekostet, aber dann kam es doch dazu, daß sowohl meine Mutter wie auch meine neun Geschwister, die damals noch alle in Wien waren, mich mit Tränen und Glückwünschen ziehen ließen; sie meinten damals: Er wird ohnehin bald wieder umkehren, wenn er ein paar Tage lang Wien nicht gesehen hat.

– Da haben sie aber alle gründlich Unrecht gehabt. –

Nein, nein, das war eben das Komische, sie haben recht behalten, denn in zwei Tagen waren mein indischer Freund und ich tatsächlich wieder in Wien. Wir hatten nämlich an der Grenze der Tschechoslowakei schon Schwierigkeiten wegen des Übertrittes, und so mußten wir umkehren, um uns mit Ausreisepapieren und allerlei Ausweisen zu versehen. Als dies geschehen war, traten wir von neuem unsere Reise an, um erst nach sieben langen Jahren den alten Steffel wieder zu sehen.

Wenn wir uns auf die Spur der beiden Radfahrer zu setzen versuchen, so wird uns sehr schnell bewußt, daß uns die wichtigste Voraussetzung dafür fehlt, ihre Erlebnisse nachzuvollziehen: Zeit. Als die beiden losfahren, haben sie weder einen Zeitplan vor sich noch wahrscheinlich eine exakte Vorstellung davon, worauf sie sich da einlassen. Sie lassen sich einfach auf ein Abenteuer ein, das sie im Moment fasziniert. Ein Schuß Wandervogel, ein Hauch von Easy Rider steckt in ihnen. Vielleicht auch das nie offen ausgesprochene Bedürfnis, sich den bürgerlichen Vorstellungen von Lebensplanung und Karriere zu entziehen. Die Lust an der Herausforderung zählt stärker als alle ängstlichen Sorgen um Gefahren, Gesundheit und finanzielle Basis. Apropos Geld: das interessiert natürlich auch die Radiohörer:

– Aber sagen Sie, Herr Sztavjanik, so eine Reise muß doch viel Geld kosten, haben Sie so viel Taschengeld mitbekommen? –

Nein, wir waren oft als Gäste bei verschiedenen Radfahrer-Vereinigungen geladen, die uns mit Rat und Tat unterstützten. Auch war mein

Begleiter, der Parse Davar, Journalist und erhielt so für Zeitungsberichte und Vorträge in größeren Städten einiges Honorar, das wir für unsere gemeinschaftliche Lebenshaltung verwendeten.

– In Europa werden Sie ja leichter durchgekommen sein, aber wie war's drüben in den anderen Weltteilen? –

Oh, da war es einfacher, als Sie glauben. In kultivierten Gegenden, besonders in allen überseeischen Städten, gibt es ja Vereine der Auslandsdeutschen, von denen wir in herzlichster Weise aufgenommen wurden, auch nahm ich an großen Radrennen teil, bei denen ich sogar sehr schöne Preise erzielte. Später dann, in den Ländern, die noch weit von jeder Kultur entfernt sind, also in einzelnen Gebieten Afrikas oder in den Urwaldgebieten des Amazonas zum Beispiel, da halfen wir uns durch Tauschhandel. Wir führten Spiegel, Glasperlen und andere billige Kleinigkeiten mit uns und handelten dafür Lebensmittel und sonstige Gebrauchsgegenstände von den Eingeborenen ein.

Sieben Jahre unterwegs, fern von Familie und Freunden, zusammengeschweißt mit einem Kameraden, den man erst wenige Wochen vor der Abreise kennengelernt hat. Das erste Weihnachtsfest, 1924, in der Schweiz; das zweite, nach ausgedehnter Reise bis zum Nordkap, in Berlin; das dritte, bereits nach der Durchquerung der Sahara, als Gäste der französischen Mission in Lagos. Das kann dem coolsten Burschen – und nach heutigen Vorstellungen war Gustav Sztavjanik wohl so einer – zu schaffen machen. Naheliegend also die Frage des neugierigen Reporters:

– Hatten Sie keine Sehnsucht nach der Heimat, da Sie nun schon zwei volle Jahre auf Ihren Rädern durch die weite Welt pilgerten? –

Eigentlich nicht. Ich stand ja in brieflicher Verbindung mit den Meinen; wenn ich auch monatelang nicht Gelegenheit hatte, zu schreiben oder in einer Stadt Briefe von daheim zu empfangen, so war doch ein wenig die Gewißheit vorhanden, daß wir nicht getrennt seien, wenn auch Länder und Meere zwischen uns lagen.

Im Herbst 1931 also kehren Gustav Sztavjanik und sein indischer Freund nach Wien zurück. Daß auch Davar nicht in Bombay bleibt, hat nicht nur damit zu tun, daß er noch keine Lust dazu hat, das abenteuerliche Wanderleben aufzugeben. Schon unterwegs hat er an einer

Augenkrankheit zu laborieren begonnen, die eine baldige Operation notwendig macht. Und die Wiener Medizinische Schule hat zu dieser Zeit einen guten Ruf. In Japan schon, vermerkt Sztavjanik, wo sich zum ersten Mal die Erkrankung zeigte, riet man zu einer Operation in Wien.

Und dann folgt die naheliegende Frage nach der Zukunft. Denn wer nach sieben Jahren Reise heimkommt, dem kann die Heimat recht eng werden. Noch dazu, wenn man erst 24 ist, keine Ausbildung vorweisen kann und in ein Land zurückkehrt, das in diesen Jahren mit schwersten wirtschaftlichen Problemen, mit Rezession, Inflation und Arbeitslosigkeit zu kämpfen hat:

– Haben Sie schon darüber nachgedacht, was Sie nun in Wien beginnen werden? –

Ja, das kann ich wohl noch nicht mit Bestimmtheit sagen, denn ...

– Ich weiß, was Sie meinen. Es ist vielleicht einfacher, durch die Sahara zu reisen, als in Wien einen Posten zu bekommen. Aber Sie haben doch jedenfalls Sprachen gelernt, die sich unter Umständen irgendwie in einem Beruf verwerten ließen. –

Sprachen lernte ich wohl. Englisch und Spanisch spreche ich perfekt, auch ein wenig Französisch, aber mit den anderen Sprachen, zum Beispiel, Gujarati oder Hindustani, wird sich wohl kaum viel anfangen lassen. Ich glaube jedoch schon, daß ich, der in allen Weltteilen ein Unterkommen fand, auch in meiner Heimat eines finden werde.

War bei der Ankunft in Bombay naturgemäß Davar im Mittelpunkt der Aufmerksamkeit gestanden, so war es ebenso naturgemäß beim Eintreffen in Wien Gustav Sztavjanik, auf den sich die Radfahrer, die sportbegeisterte Bevölkerung und die Journalisten stürzten. In den Tagen rund um den 11. November berichteten so gut wie alle Wiener Zeitungen über die Rückkehr und die markantesten Erlebnisse der beiden Weltreisenden. Fotos der beiden Helden auf geschmückten Fahrrädern, von Radlerkollegen umgeben oder bei einer Ehrenrunde im Stadion,

Mitteilungen des Volksbildungshauses Wiener Urania

Fernruf R-47-5-25 Serie
Tageskassa R-48-2-46
Postsparkassen-Konto A-19.159

Erscheinen wöchentlich | 11. Dezember 1931 | 22. Jahrg. Nr. 39

VOLKSBILDUNGSHAUS WIENER URANIA, I. URANIASTRASSE 1

Donnerstag, 17. Dezember, 18h Kleiner Saal.

GUSTAV SZTAVJANIK :

MIT DEM FAHRRAD UM DIE WELT.

Mit Lichtbildern und einem Film.

Preise der Sitzplätze für Mitglieder S 1.10 bis 1.80, für Nichtmitglieder S 1.40 bis 2.40.

Kassastunden siehe Rückseite!

Donnerstag, 17. Dezember, ½8 Uhr. — Kleiner Saal.

Gustav Sztavjanik:

Mit dem Fahrrad um die Welt.

Mit Lichtbildern und einem Film.

Der Vortragende hat mit einem Freunde eine Reise mit dem Fahrrad um die Welt unternommen, über die er an Hand von Lichtbildern und eines Films berichten wird. In einer Zeit von fast sieben Jahren wurde eine Strecke von 100.000 Kilometern zurückgelegt und 47 Länder besucht. Auf bekannten und unbekannten Wegen, durch zivilisierte und unwirtliche Gegenden ging die abenteuerliche Fahrt. Die interessantesten Erlebnisse dieser Reise: die erstmalige Durchquerung der Sahara und der Andenkette mit dem Fahrrad, die Umfahrung des nördlichsten Punktes Europas, des Nordkaps, u. a. m.

Für Mitglieder S 1.10 bis 1.80. — Für Nichtmitglieder S 1.40 bis 2.40.

gezeichnete Illustrationen, kurze Meldungen und ausführliche Artikel lassen die Ereignisse Revue passieren.

Zu erzählen gibt es viel, nicht nur der Presse, auch der zahlreichen Familie, den Freunden und den Radfahrerkollegen aus den Sportvereinen. Ob Davar sein Augenleiden in Wien auskurieren konnte und wann er seine Heimreise antrat, wissen wir nicht. Auch nicht, ob Gustav Sztavjanik danach noch jemals Kontakt mit ihm hatte. Überhaupt erzählt er wenig über seinen Reisegefährten, mit dem er sieben Jahre so eng zusammengeschweißt war, nichts über seinen Charakter, seine Ge-

Arbeiterverein „Wohlfahrt"
Wien, XVI. Maderspergerstraße

Einladung
zu dem am
Montag, den 14. Dezember 1931
stattfindenden
Lichtbildervortrag:
In 7 Jahren mit dem Fahrrad um die Welt

Von ihrer sieben Jahre währenden Weltreise auf dem Fahrrad, bei der sie rund 100.000 km zurücklegten und durch Europa, Asien, Afrika, Amerika und Indien kamen, schildern:
Gustav Sztavyanik,
ein junger Wiener und der Inder
F. J. Davar
an Hand von Lichtbildern und Demonstrationsmaterial die Begegnung mit wilden Elefanten in Siam oder die Reise durch die Urwälder des Amazonas, wo noch Kopfjäger hausen.

In Anbetracht des lehrreichen und interessanten Themas ersuchen wir, sich mit Karten zu versorgen.

Regiebeitrag 50 g **Der Ausschuß.**

Beginn 7 Uhr abends

Druck: Thomas Kaiser, XVI. Schuhmeierpl. 16

Vorträge, Vorträge, Vorträge …

Rechte Seite: Vielfach benutzte Karte des Amazonasgebietes mit der Reiseroute und der für den Wiener Künstler Hermann Härtel zum Kürzel gewordenen, den Radfahrer verfolgenden Schlange

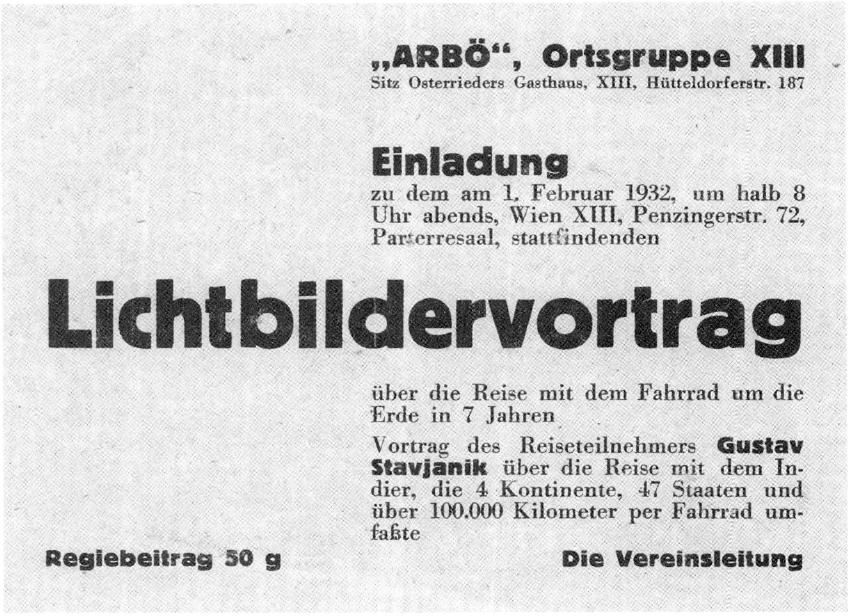

„ARBÖ", Ortsgruppe XIII
Sitz Osterrieders Gasthaus, XIII, Hütteldorferstr. 187

Einladung
zu dem am 1. Februar 1932, um halb 8 Uhr abends, Wien XIII, Penzingerstr. 72, Parterresaal, stattfindenden

Lichtbildervortrag

über die Reise mit dem Fahrrad um die Erde in 7 Jahren

Vortrag des Reiseteilnehmers **Gustav Stavjanik** über die Reise mit dem Indier, die 4 Kontinente, 47 Staaten und über 100.000 Kilometer per Fahrrad umfaßte

Regiebeitrag 50 g **Die Vereinsleitung**

Gustav Sztavjanik spricht auf der Wiener Radrennbahn über seine Reise (vor ihm mit aufgehängtem Mantel vor Wind geschützt das Mikrophon)

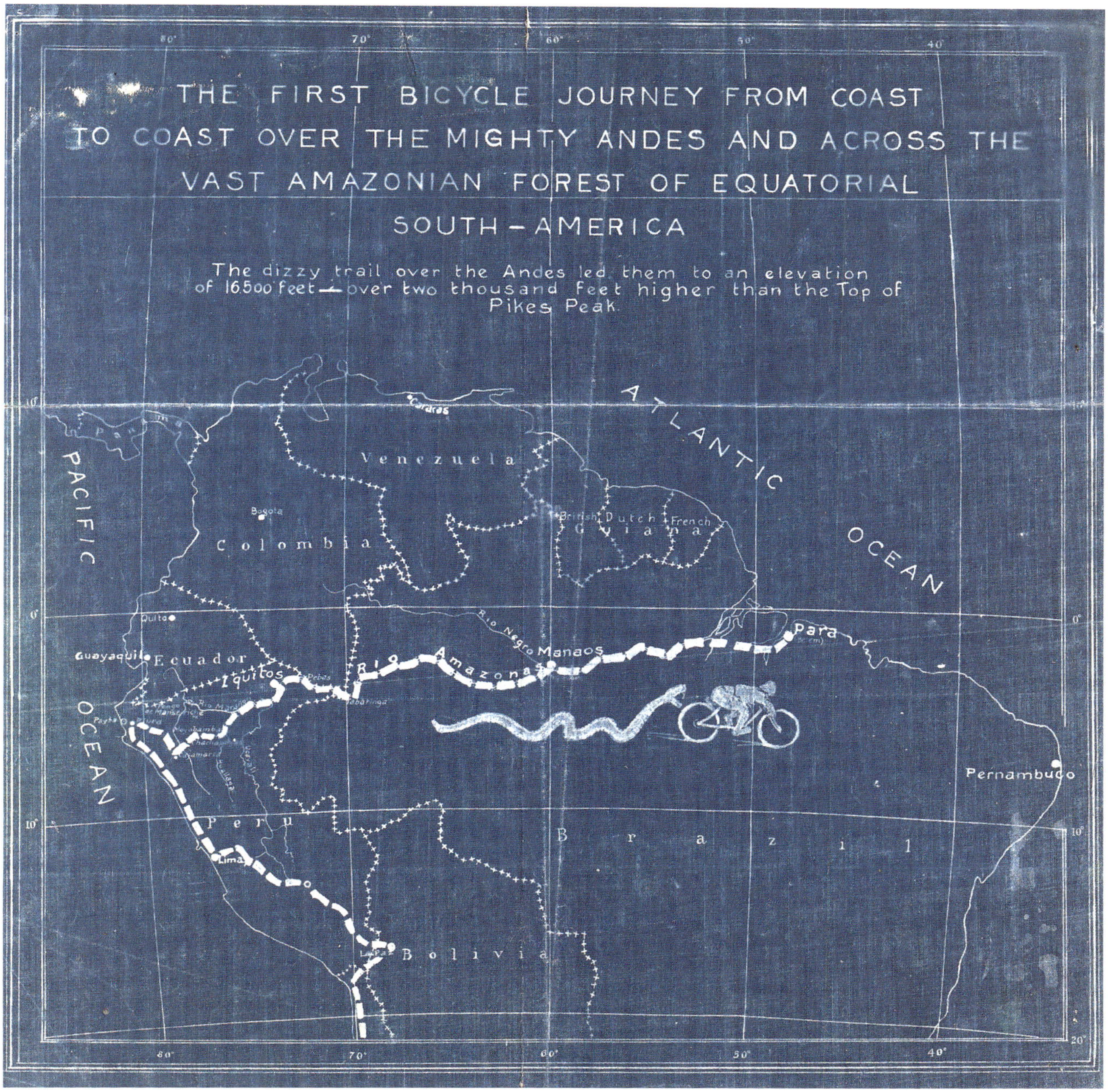

wohnheiten, auch nicht darüber, ob es sich um echte Freundschaft oder eher um eine Zweckgemeinschaft gehandelt hatte.

Jetzt, zu Hause, findet Sztavjanik jedenfalls die Zeit, seine Erlebnisse aufzuarbeiten. Die Mengen von gesammeltem Material, die er vermut-

Sztavjanik zeigt seine Schätze 1935 bei der Ausstellung „Oestara“ (Österreichische Arbeit im Ausland) im Wiener Künstlerhaus.

lich schon von unterwegs ratenweise nach Hause geschickt hat, werden nun gesichtet, einigermaßen geordnet und mit den Zeitungsausschnitten kombiniert, die seine Schwester Gisela in der Heimat fein säuberlich gesammelt hat. Denn jetzt ist es an der Zeit, aus den gewonnenen Erfahrungen und überstandenen Erlebnissen Kapital zu schlagen, sie zu anschaulichen Reiseberichten zusammenzufassen.

Als erstes wird er gleich Anfang November zum Radiointerview in die RAVAG in die Wiener Johannesgasse eingeladen – nicht ohne vorher eine Sprechprobe absolviert zu haben, „bei der die Eignung der Stimme vor dem Mikrophon überprüft werden soll“, wie es auf der diesbezüglichen Verständigung formuliert ist. Auf Vermittlung seiner diversen Vereinskontakte folgen die ersten Lichtbildervorträge, auch einen Film gibt es zu sehen, von dem man aber heute so gut wie nichts mehr weiß (obwohl er angeblich noch existieren soll). Zunächst meldet

„Bleibende Erinnerung“ an die Anfangszeit der Weltreise, als der Radfahrer-Club von Gumbinnen in Deutschland Gustav Sztavjanik ein noch leeres Büchlein für Eintragungen seiner nächsten Gastgeber schenkte

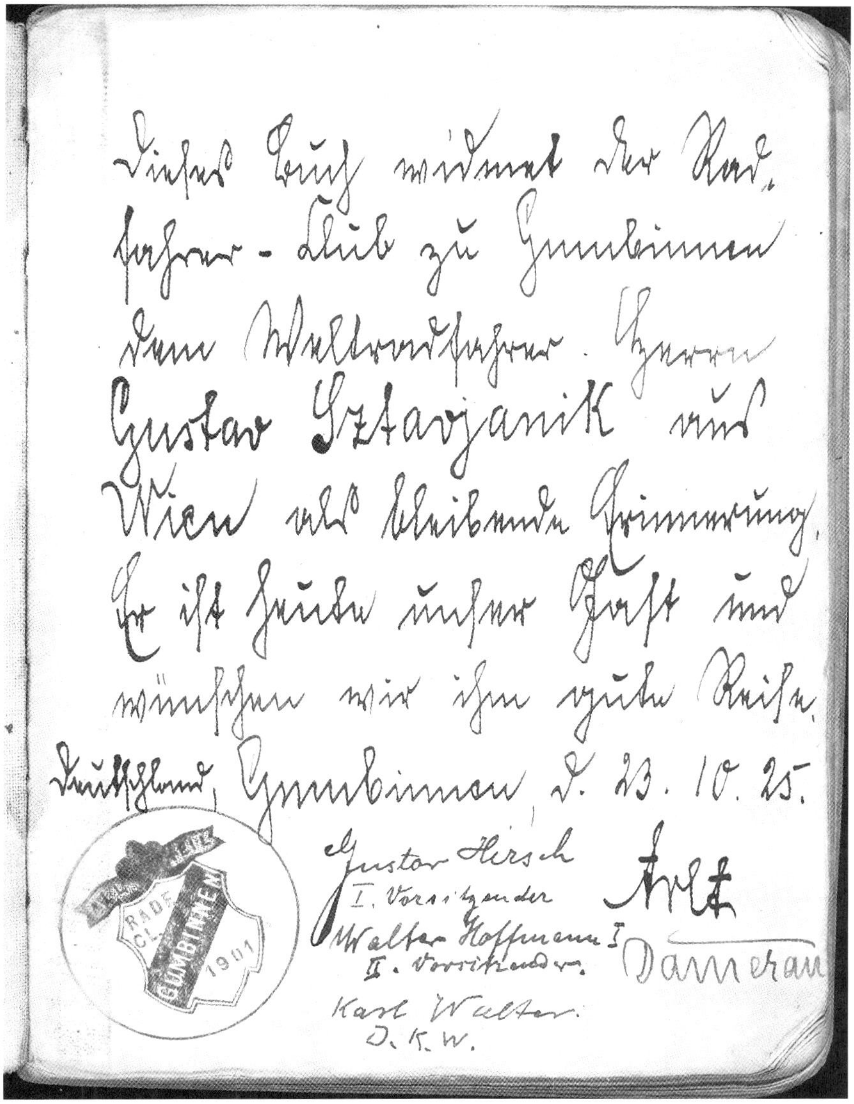
Dieses Buch widmet der Rad-
fahrer-Club zu Gumbinnen
dem Weltradfahrer Herrn
Gustav Sztavjanik aus
Wien als bleibende Erinnerung.
Er ist heute unser Gast und
wünschen wir ihm gute Reise.
Deutschland, Gumbinnen, d. 23. 10. 25.
Gustav Hirsch
I. Vorsitzender
Walter Hoffmann I
II. Vorsitzender
Karl Walter.
D. K. W.
Arlt
Damerau

sich der Niederösterreichische Radfahrer-Verband, der Arbeiterbildungsverein „Bildungshort“ ersucht den „w.Gen.“ (werten Genossen) um Bekanntgabe der Honoraransprüche und Terminbestätigung für den 16. Dezember 1931. Das Vereinsheim in der Säulengasse 20 im IX. Bezirk faßt ungefähr 400 Personen und ist mit Kino- respektive Lichtbilderapparat ausgestattet. Zum Projizieren läßt sich Sztavjanik über 100 seiner mitgebrachten Fotos und von der Wiener Urania dazugekaufte für Glasdias reproduzieren.

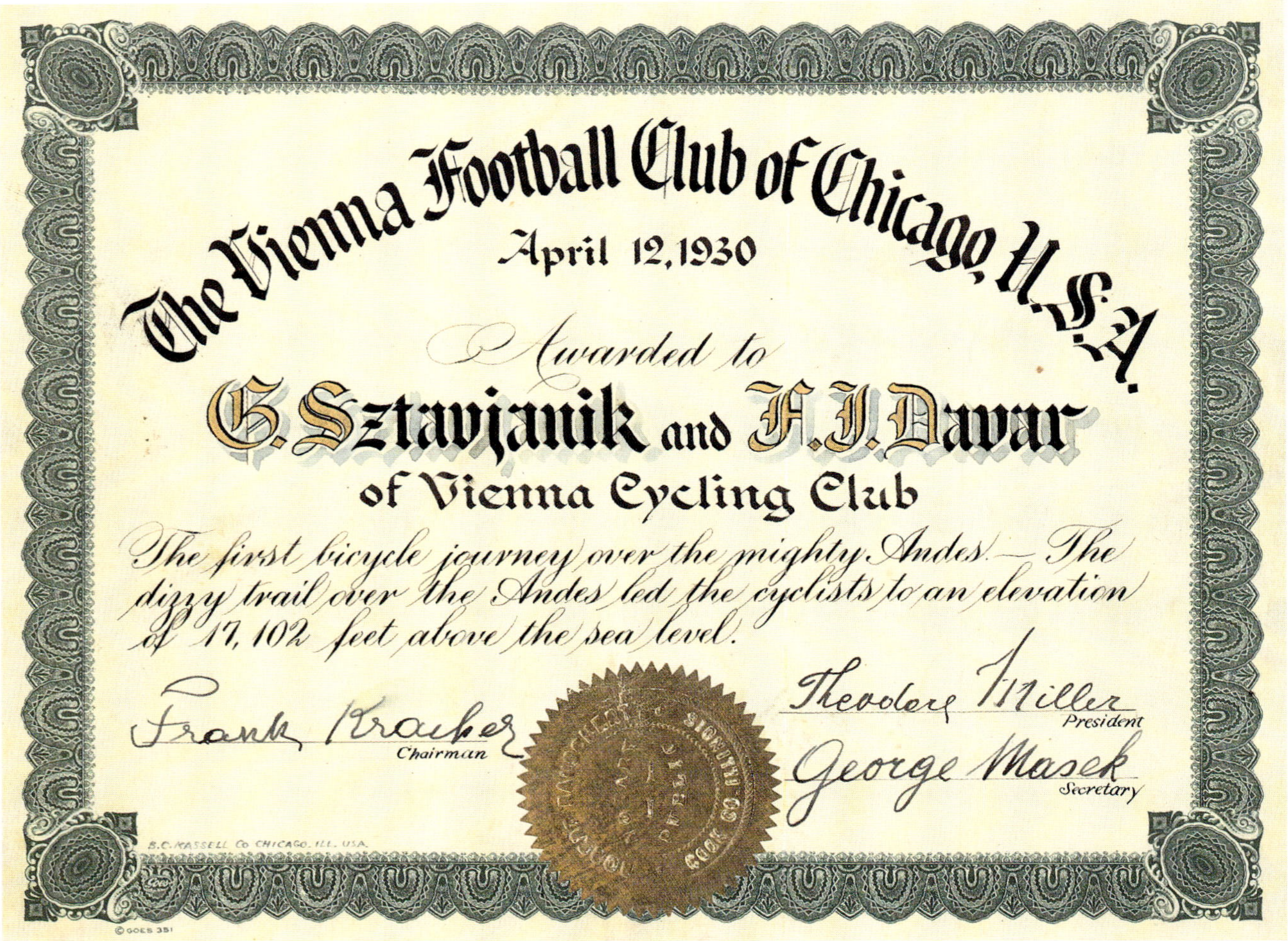

Dokumente und Fotos (links unten der Wiener – ganz vorne – bei einem Radrennen in Milwaukee, USA) aus Sztavjaniks Sammlung: zuerst bunte Schätze der Erinnerung, dann wertvolle Gustostückerln aus dem Nachlaß

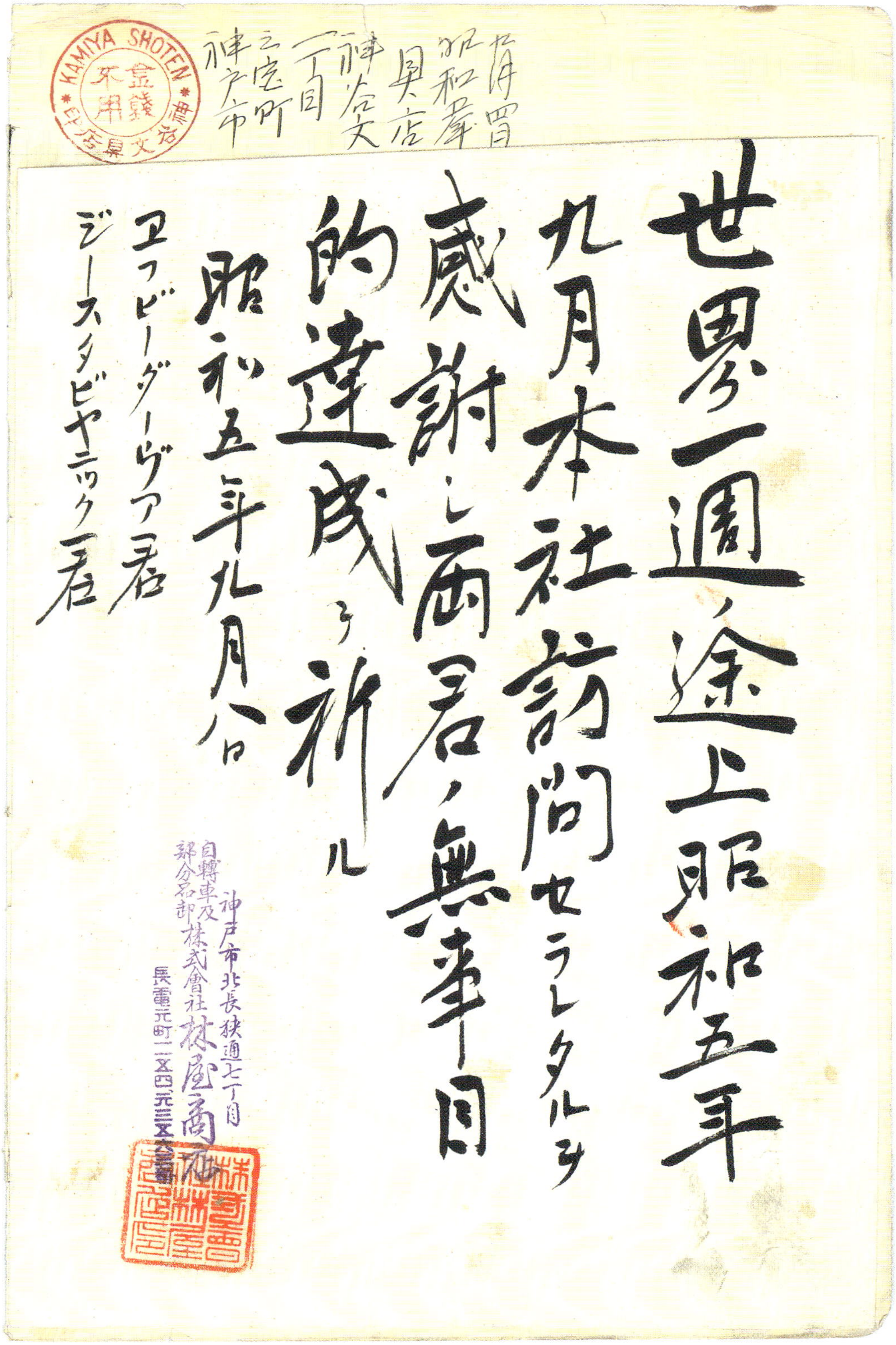

KAMIYA SHOTEN
神谷文具店
金銭不用
神谷文具店
神戸市三宮町一丁目
世界一週途上昭和五年
九月本社訪問セラレタルヲ
感謝シ両君ノ無事目
的達成ヲ祈ル
昭和五年九月八日
コフビーグーヴァー君
ジースタビヤニック一君
神戸市北長狭通七丁目
自轉車及部分品部
株式會社林屋商會
電元町一〇四・元三〇八〇番

Links eines der kuriosesten, rechts eines der schönsten Fotos aus dem Nachlaß.
Man fragt sich immer, wer die beiden Radfahrer, die ohne viel Gepäck rund um die Welt strampelten, einmal ganz korrekt im Anzug, dann in sportlichem Dreß oder tropenmäßig mit Helm und allem Drum und Dran oder gar malerisch-exotisch in fremdländischer Tracht kleidete. Wahrscheinlich waren es „Kollegen" aus den diversen Radfahrerclubs, die für das passende Outfit auf den vielen Fotos verantwortlich zeichneten.

In kürzester Zeit hat Sztavjanik also Manuskript und Ablauf eines ausführlichen Diavortrags fertig, der vor wechselndem Publikum zum besten gegeben wird: in der Wiener Urania, für die Mitglieder des Alpenvereins oder vor den verschiedenen ARBÖ-Ortsgruppen. Der ARBÖ veröffentlicht Sztavjaniks Berichte auch in seiner Vereinszeitschrift und urgiert am 22. Jänner 1932: „Werter Sportkollege! Wir erlauben uns die Anfrage, ob Sie uns einen, der von Ihnen in Aussicht

gestellten Artikel bis zum 27. ds. zur Verfügung stellen können, da andernfalls die Redaktion sich einen anderen Reiseartikel beschaffen müßte."

In verschiedenen Varianten und mit unterschiedlichen Schwerpunkten veröffentlicht er seine Reiseerlebnisse bis etwa 1937. In ausführlichen Artikelserien berichtet er von der gesamten Tour „Mit dem Zweirad um die Welt" oder über einzelne Abschnitte: „Die Durch-

Fasziniert von Sztavjaniks Nachlaß schuf der Wiener Maler Hermann Härtel zahlreiche Bilder zum Thema.

querung der Sahara am Fahrrad“, „Über das Dach der Welt“, „Abenteuerliche Reise am Amazonenstrom und rund um Südamerika“ oder „Bei den gelben Brüdern“. Als Tantiemenbezugsberechtigter wird er sogar in die Literarische Verwertungsgesellschaft aufgenommen. Der Plan, ein Buch zu verfassen, scheint jedoch nicht realisiert worden zu sein.

Einfach und doch überaus anschaulich versteht es Gustav Sztavjanik, den Leser oder Zuhörer an seinen Erlebnissen teilhaben zu lassen. Die Bilder entstehen mühelos im Kopf, wenn er einzelne Ereignisse herausgreift und aus einer Position der Neugierde und Offenheit, ohne jegliche Überheblichkeit schildert. Aus seinen Ausführungen klingt durchwegs berechtigter Stolz: „Von den vielen Reisen um die Welt, die uns bekannt sind, wurde wohl keine so ausgedehnte Reise auf dem Zweirad

unternommen“, leitet er seine Vorträge ein, für die es wie für Zeitungsartikel genaue Manuskripte bzw. Durchschläge gibt. Sein Stil ist erstaunlich, bedenkt man, daß seine Ausbildung auf den Besuch der Bürgerschule beschränkt war und er unterwegs zwar Französisch, Spanisch und Englisch gelernt, aber wohl wenig Gelegenheit hatte, Deutsch zu sprechen. Ob seine Manuskripte von jemandem korrigiert oder redigiert worden sind, läßt sich nicht sagen, die Veröffentlichungen stimmen mit den getippten Manuskripten jedenfalls so gut wie vollständig überein.

Daß sein Bildungs- und sein Wissensstand nicht ausreichte, alle Begegnungen und Erfahrungen, alles Gesehene und Erlebte sachlich richtig zu erläutern, verwundert nicht, ebensowenig, daß er manchem überkommenen Klischee aufsitzt. Er muß sich auf Kommentare und Hin-

Fahrrad-Objekte von Hermann Härtel:
links „Zihaloides Sparkraftrad III“, Rennrad mit Gummimotor, 1990
rechts „Zihalaviatisches Sparkraftrad V – Solar“, Rennrad mit Solarantrieb 140 mA, 1993

weise örtlicher Gewährsleute verlassen. Eigene Meinungen zu Ereignissen oder Zuständen äußert er eher selten und wenn, dann wohltuend zurückhaltend und sichtlich um Objektivität bemüht. Die so oft zu beobachtende Überheblichkeit des Europäers fremden Völkern und ihren Sitten, Bräuchen und Lebensformen gegenüber fehlt gänzlich.

Mit dem Berufsantritt als Justizwachebeamter kehrt Gustav Sztavjanik in die Bürgerlichkeit zurück, die Erinnerungen an seine Abenteuer hat er sich dennoch als eine Art Parallelwelt erhalten. In seiner Wohnung in der Tigergasse im achten Bezirk richtet er eine Art exotisches Museum ein.

Rare Souvenirs wie Schlangenhäute, getrocknete Pflanzen und andere Mitbringsel sind längst in alle Winde zerstreut. Nicht aber die ideellen Erinnerungsstücke, die Gustav Sztavjanik gesammelt hat. Die rund 200 Dias, die Fotos, die großen Bände mit den gesammelten Zeitungsausschnitten, die Urkunden, Reise- und Aufenthaltsbestätigungen

aus aller Welt, die Einladungen und Korrespondenzen, die Mitgliedsausweise verschiedener Sportvereine in aller Herren Länder, die Startnummern zu allerlei Radrennen, die Medaillen und Pokale, die er dabei gewonnen hat, das wertvolle Autogrammbuch und eine Ausgabe von F. J. Davars 1929 in New York erschienenem Buch „Cycling over the Roof of the World“, die Sztavjaniks in Amerika verheirateter Schwester gewidmet ist: „Gewidmet meiner kleinen Schwester Hermine zum ewigen Gedenken an ihren Bruder Gustav, New York City 14-X-1929“.

Nachdem Gustav Sztavjanik im Juli 1944 gefallen war, wurde der Schatz von seiner Witwe gehütet. Erst nach deren Übersiedlung ins Seniorenheim 1996 überließ sie das Material ihrem Neffen, dem Burgschauspieler Edd Stavjanik. Der entsann sich seines Freundes, des Künstlers Hermann Härtel, dessen Œuvre als Maler, Grafiker und Objektkünstler zu einem großen Teil um die Aeronautik einerseits und um das Fahrrad andererseits kreist. Härtel, der sich seit Jahren mit aller-

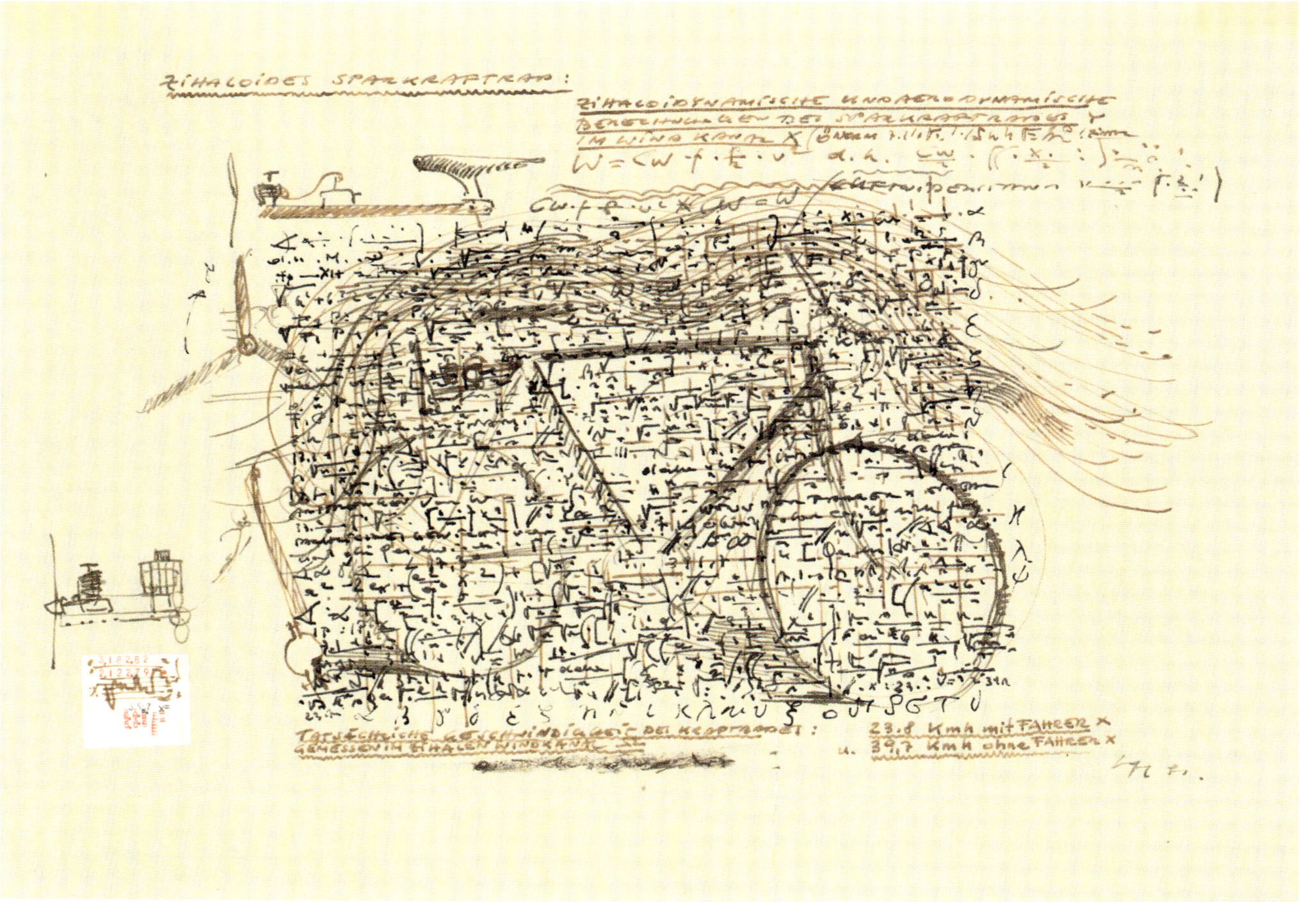

lei phantastischen Antriebsmöglichkeiten für Fahrräder beschäftigt und eine ganze Serie „Zihaloider Sparkrafträder" mit Viertaktmotor, E-Motor mit Luftschraube, Wasserwaage und Präzisionslibelle oder mit Solarantrieb und Musikberieselung entwickelt hat, begann sich in den Koffer mit Unterlagen zu vertiefen, zu sichten und zu ordnen und Gustav Sztavjaniks Fahrradreise auf imaginäre Weise nachzuvollziehen.

Die Geschwindigkeit gehört zu Härtels Kindheitsträumen. Wobei eine nicht ganz durchschaubare Melange von Ernsthaftigkeit und Ironie seiner Beschäftigung mit der Fortbewegung, der Fliegerei und Technik zugrundeliegt. Wie manch berühmter Vorfahre von Leonardo bis zu Mesmer und Panamarenko baut er auch Flugobjekte. Die Konstruktionszeichnungen sind übersät mit „wissenschaftlichen" Berechnungen,

Formeln und mysteriösen Kürzeln. Doch hinter der wissenschaftlichen Allüre mag sich ein parodistisches Spiel mit dem Unbehagen an einer undurchschaubaren Übertechnisierung unserer Welt manifestieren.

Das Spiel mit den Zitaten schafft eine Ästhetik, die sich in Härtels eigenen Werken ebenso enthüllt wie in vielen Fund- und Sammelobjekten, hölzernen Luftschrauben, aviatischen Meßgeräten, alten Bordbüchern oder eben den Relikten aus der Fahrradtechnik, die er in seine Arbeit einbezieht. Umsomehr hat ihn das Phantastische dieses Reiseabenteuers fasziniert und zu eigenen Arbeiten angeregt. Die den Radfahrer verfolgende Schlange, einer Karte Gustav Sztavjaniks entlehnt, wird in Härtels Bildern zu einer Art Leitmotiv, zum Symbol der Ruhelosigkeit, die den Weltwanderer Sztavjanik nicht loßließ.

Historische Reiseabenteuer im Haymon-Verlag

A. Erhard / E. Ramminger

DIE MEERFAHRT

Balthasar Springers Reise zur Pfefferküste

21 x 26 cm, Hardcover mit Schutzumschlag, 176 Seiten mit 28 Faksimiles und ca. 100 farbigen Abbildungen ISBN 3-85218-260-3

1505/06 fuhr Balthasar Springer rund um Afrika nach Indien, um den soeben entdeckten Seeweg zu erproben und mit dem begehrten Pfeffer zurückzukommen. Über die abenteuerliche Fahrt ließ er ein Büchlein erscheinen. Es ist einer der frühesten deutschsprachigen Reiseberichte und enthält Holzschnitte von Frauen und Kindern, Kriegern und Fürsten der fremden Völker. Andreas Erhard hat alles Wissenswerte um Balthasar Springer und den historischen Hintergrund zusammengetragen und die Stationen von Springers Reise besucht, worüber er hier in Wort und Bild berichtet. Springers Buch ist im Faksimile abgedruckt, zusätzlich in heutige Sprache übertragen und kommentiert. Eva Ramminger erläutert das Entstehen von Springers Buch und die kulturhistorischen Zusammenhänge.

„Eine verlegerische Meisterleistung." (Karl Markus Gauss, NZZ) „Eines der schönsten Reisebücher dieses Jahres." (Hermann Wallmann, Süddeutsche Zeitung)

Anonimo Veneziano

EINE DEUTSCHE REISE ANNO 1708

Herausgegeben, übersetzt und kommentiert von Irene Schrattenecker

21 x 26 cm, Hardcover mit Schutzumschlag, 176 Seiten mit über 100 Abb., ISBN 3-85218-293-X

Wie reiste man um 1700 in Deutschland? Was bekam man zu sehen? In den Archiven Venedigs liegt ein handgeschriebenes Tagebuch über eine Reise von Venedig über Tirol nach Deutschland und weiter bis Schweden. Der anonyme Schreiber erzählt von Sehenswürdigkeiten und Bräuchen, von Frauen am Pranger, von Kanalisation und von Befestigungsanlagen, und von den oft sehr tristen Bedingungen einer solchen Reise, von Straßen und Wirtshäusern. Für die Edition wurde der Text mit zeitgenössischen Bildern und Karten illustriert.

„... eine kleine Sensation, denn die Aufzeichnungen bringen Details zur Alltags- und Sozialgeschichte, wie man sie sonst nirgendwo findet." (Märkische Allgemeine)